JÜRGEN TIEMEYER

Zur Methodenfrage der Rechtssoziologie

Schriftenreihe zur
Rechtssoziologie und Rechtstatsachenforschung

Herausgegeben von Prof. Dr. Ernst E. Hirsch

Band 16

Zur Methodenfrage der Rechtssoziologie

Über die wissenschaftstheoretische Möglichkeit
die Rechtssoziologie wie eine Naturwissenschaft zu betreiben

Von

Dr. Jürgen Tiemeyer

DUNCKER & HUMBLOT / BERLIN

Alle Rechte vorbehalten
© 1969 Duncker & Humblot, Berlin 41
Gedruckt 1969 bei Alb. Sayffaerth, Berlin 61
Printed in Germany

Vorwort des Herausgebers

Der Streit um den Wissenschaftscharakter der Soziologie und damit auch der Rechtssoziologie hängt mit der Einstellung zu einer allgemeinen wissenschafts-theoretischen Methodenfrage zusammen: Ergeben sich aus den unbestreitbaren Fakten der Gesellschaftlichkeit und der Geschichtlichkeit menschlichen Lebens im allgemeinen und des Rechts als eines menschlichen Gesellschaften eigentümlichen Phänomens im besonderen prinzipielle Hindernisse für Forschungsverfahren, die man als „naturwissenschaftliche" zu bezeichnen pflegt? Oder sind auch die Vorgänge des Soziallebens in den raum-zeitlichen Zusammenhang derart eingeordnet, daß sie in diesem allgemeinen Sinn als „Naturerscheinungen" anzusehen und einer entsprechenden wissenschaftlichen Behandlung und Betrachtung zugänglich sind?

Dies ist der Gegenstand der vorliegenden Arbeit. Sie greift nicht nur durch die Themenstellung, sondern auch durch ihre Ergebnisse über den Bereich der Rechtssoziologie hinaus und zeigt, daß vieles, was unter der Flagge „Soziologie" segelt, insbesondere die sog. geisteswissenschaftliche-dialektische Richtung, nicht das Ergebnis empirischer Sozialforschung, sondern sozialphilosophische Spekulation bzw. sozialpolitische Prätention ist, obwohl eine echte empirische Sozialforschung und eine darauf gegründete empirische Soziologie durchaus möglich ist. Das Phänomen „Recht" kann und darf nicht nur unter normativen und geschichtlich-verstehenden Blickwinkeln, sondern auch unter anderen Aspekten betrachtet werden. Ein Ausschluß anderer Denkweisen als der geisteswissenschaftlichen wäre — nach der Meinung des Verfassers — unerlaubter, nicht begründbarer Dogmatismus: „Die Rechtswirklichkeit ist unzureichend erkannt, sofern sie nicht auch wie ein Teil der Natur erforscht wird. Gesetzmäßigkeiten im gesellschaftlichen Bereich ermöglichen und erfordern eine generalisierende Erklärung des Phänomens Recht."

Berlin, im Frühjahr 1969

Ernst E. Hirsch

Inhaltsverzeichnis

Erster Abschnitt

§ 1 Die Gesellschaftlichkeit und Geschichtlichkeit des Rechts 11

Zweiter Abschnitt

Über die Behauptung, daß im Gegenstandsbereich der Rechtssoziologie keine Gesetzmäßigkeiten vorhanden seien 13

§ 2 Der absolute Zufall und die objektive und subjektive Freiheit 14

    1. Der objektiv absolute Zufall im Bereich der unbelebten Natur 15

        a) Die Bedeutung der neueren Erkenntnisse der Physik in bezug auf die Geltung des Kausalprinzips 15

        b) Die Geltung des Kausalprinzips in erkenntnistheoretischer Sicht 18

        c) Die Existenz einer subjektunabhängigen physikalischen Realität (Standortbestimmung des objektiv absoluten Zufalls) 19

    2. Der objektiv absolute Zufall und die objektive Freiheit im gesellschaftlichen Bereich 23

        a) Die Wirklichkeit des objektiv absoluten Zufalls 26

        b) Die objektive Freiheit des einzelnen 28

        c) Der Charakter der „Bestimmtheit" des Rechts im Verhältnis zur sozialen Wirklichkeit 35

    3. Der subjektiv absolute Zufall und die subjektive Freiheit im Bereich der unbelebten Natur und im gesellschaftlichen Bereich 38

        a) Die Erscheinung des subjektiv absoluten Zufalls 39

        b) Die Erscheinung der subjektiven Freiheit 42

§ 3 Der relative Zufall und die individuelle Freiheit 43

    1. Der relative Zufall 43

    2. Die individuelle Freiheit 45

        a) Die potentielle individuelle Freiheit 45

        b) Die virtuelle individuelle Freiheit 46

§ 4 Das allgemeine Verhältnis von Zufall und Freiheit zur Notwendigkeit 47

§ 5 Die Wandelbarkeit des Rechtsinhalts 49

§ 6 Der Einwand aus der Einmaligkeit sozialer Erscheinungen 50

    1. Das Verhältnis von einmaliger Wirklichkeit und Gesetzmäßigkeit 51

        a) Die generelle Einmaligkeit als die im sozialen Bereich herrschende Gesetzmäßigkeit 52

        b) Die Einmaligkeit natürlicher Geschehensabläufe 53

        c) Die Abstraktheit der Gesetzmäßigkeit 53

        d) Die Auflösung der Gesetzmäßigkeit durch individuelle Abwandlung 54

    2. Die Einmaligkeit von Geschehenstypen 58

§ 7 Die „Existenz" von Gesetzmäßigkeiten 58

Dritter Abschnitt

Die Auffindbarkeit von Gesetzmäßigkeiten im sozialen Geschehen   60

§ 8 Die Komplexität sozialer Erscheinungen 60

§ 9 Die Erfassung der Verursachung im Geschehensablauf 62

§ 10 Die praktische Bedeutung durchgehender Bestimmtheit der Realität für die naturwissenschaftliche Denkweise 65

§ 11 Die Induktionsproblematik 66

Vierter Abschnitt

Die Eigenart naturwissenschaftlicher Aussagen   72

§ 12 Die mögliche Exaktheit der Rechtssoziologie 72

    1. Der Begriff der Exaktheit (ideale und real-bedingte Exaktheit) .. 73

    2. Die Exaktheit des Messens und des Zählens 75

    3. Die exakte Erfaßbarkeit geistig-seelischer Vorgänge 77

        a) Das Qualitative und das Quantitative 78

        b) Die Messung der Intelligenz als Beispiel quantitativer Bestimmung geistig-seelischer Vorgänge 80

4. Die Exaktheit der Begriffsbildung 81
5. Die mathematische Exaktheit 83

§ 13 Die Tragweite von Gesetzesaussagen 86

Fünfter Abschnitt

§ 14 Die Adäquanz eines „naturwissenschaftlichen Verfahrens" 92

Literatur 100

Erster Abschnitt

§ 1 Die Gesellschaftlichkeit und Geschichtlichkeit des Rechts

Recht ist das Ergebnis mannigfacher Faktoren des Soziallebens. Seine spezifischen und unmittelbaren Grundlagen sind erst in der Gesellschaft zu finden; es kann niemals in jener Unabhängigkeit vom menschlichen Verhalten auftreten wie etwa physikalische oder chemische Prozesse[1]. Recht und Gesellschaft sind aus diesem Blickwinkel weder identisch noch voneinander unabgrenzbar[2].

Mit der Gesellschaftlichkeit des Rechts hängt seine Geschichtlichkeit zusammen. Mannigfaltigkeiten sozialer Verhaltensweisen enthalten notwendig einen geschichtlichen Charakter, wenn sie umfassend betrachtet werden.

Der normative Charakter des Rechts schließt nicht aus, daß Recht etwas ist, das in der Erfahrung angetroffen werden kann. Denn das im Recht enthaltene Sollen ist im Sein festgelegt[3]; Gesellschaftlichkeit und Geschichtlichkeit bedeuten immer auch Raumzeitlichkeit. Ebenso unverkennbar ist aber umgekehrt Raumzeitliches nicht immer Gesellschaftlich-Geschichtliches. Die klassischen Naturwissenschaften untersuchen Raumzeitliches, das nicht gesellschaftlich-geschichtlich ist. Man kann sagen, daß sie die Gegenstände der Erfahrung (in der Regel) generalisierend erklären. Die Gegenstände des gesellschaftlich-geschichtlichen Bereichs werden, obwohl auch sie im raumzeitlichen Zusammenhang stehen, einem derartigen Verfahren meistens nicht unterzogen; Sachverhalte, die aus subjektiven Elementen gebildet sind, werden dann stattdessen (grob gesagt) individualisierend verstanden und von den sogenannten Geisteswissenschaften behandelt (vgl. etwa die Geschichtswissenschaft).

---

[1] Barna *Horváth*, Rechtssoziologie, S. 1 f.

[2] Vgl. aber Hans *Kelsen*, Eine Grundlegung der Rechtssoziologie, Archiv für Sozialwissenschaft und Sozialpolitik, Bd. 39, S. 839 (876), der behauptet, eine Rechtssoziologie könne nicht als selbständige Wissenschaft bestehen; eine Soziologie des Rechts werde zu einer Soziologie der Gesellschaft überhaupt, „weil sich *soziologisch* der Begriff des Rechts nicht abgrenzen läßt".

[3] Zum Verhältnis von Sein und Sollen und über die Seinskriterien, die für eine Rechtsordnung ausschlaggebend sind, vgl. Ernst E. *Hirsch*, Das Recht im sozialen Ordnungsgefüge, S. 27, Was kümmert uns die Rechtssoziologie? in Das Recht im sozialen Ordnungsgefüge, S. 40 u. ff., 44 ff.; Manfred *Rehbinder*, Die Begründung der Rechtssoziologie durch Eugen Ehrlich, S. 98 ff., 108 ff.

Gesellschaftlichkeit und Geschichtlichkeit des Rechts fungieren nicht nur als Postulate der Rechtssoziologie, sondern können durchaus auch begrenzende Wirkung auf ein bestimmtes wissenschaftliches Vorgehen haben, indem sie einzig ein „geisteswissenschaftliches Verfahren" zulassen.

Trotzdem ist *Horváth* nicht geneigt, sich mit einer individualisierend-verstehenden Erkenntnisart der Rechtssoziologie zu begnügen; er hebt wiederholt hervor, daß die Rechtssoziologie auch generalisierend-erklärend vorgehen müsse[4]. *Kraft* weist darauf hin, daß die rechtlichen sozialen Erscheinungen wie alle Erscheinungen des Soziallebens in Raum und Zeit unter Naturgesetzen ständen und deshalb dem Ideal nach eine quantitativ-naturgesetzliche Deutung verlangten. Innerhalb des Bereiches der Natur könne man zwischen Naturerscheinungen im engeren Sinne und Erscheinungen des Menschenlebens unterscheiden; dabei sei aber bereits ausschlaggebend, daß auch die Erscheinungen des Menschenlebens in den raumzeitlichen Zusammenhang eingeordnet sind, so daß sie in diesem allgemeinen Sinn Naturerscheinungen blieben[5].

Im Folgenden soll untersucht werden, ob Rechtssoziologie von diesem Standpunkt aus betrieben werden kann oder ob sich aus der Gesellschaftlichkeit und Geschichtlichkeit des Rechts prinzipielle Beschränkungen für ein „naturwissenschaftliches Verfahren" ergeben.

---

[4] Barna *Horváth*, Rechtssoziologie, S. 3 u., 9 u. f., 11 u. f., 62 f., 82 u.
[5] Julius *Kraft*, Vorfragen der Rechtssoziologie, Zeitschrift für vergleichende Rechtswissenschaft, Bd. 45, S. 1 (20).

Zweiter Abschnitt

Über die Behauptung, daß im Gegenstandsbereich der Rechtssoziologie keine Gesetzmäßigkeiten vorhanden seien

Das gesellschaftliche Leben wird gern gekennzeichnet als Reich der Freiheit und des Zufalls und in dieser Hinsicht grundlegend unterschieden von der unbelebten Natur, die als Reich der Notwendigkeit angesehen wird. Daraus könnten sich bereits erhebliche Bedenken gegen die Möglichkeit einer Rechtssoziologie als generalisierend-erklärender Wissenschaft ergeben. Denn eine kausal-explikative Methode scheint für die Erkenntnis von rein Zufälligem nicht geeignet zu sein, weil sich für zufällige Abläufe und Strukturen kaum hinreichend charakteristische Ursachen aufweisen lassen werden.

Ein anderer etwas umfassenderer Blickwinkel führt zum selben Einwand und erläutert ihn: Wissenschaftliche Erklärungen setzen nach *Becher* Gesetzmäßigkeit der zu erforschenden Wirklichkeit voraus[1]. Wird nun in den Naturwissenschaften ein sogenanntes Naturgesetz zum Zwecke der Erklärung aufgestellt, so enthält es wohl die Behauptung, daß immer, wenn eine bestimmte Erscheinung oder eine bestimmte Gruppe von Erscheinungen auftritt, eine bestimmte andere Erscheinung (Erscheinungsgruppe) folge. Dabei werden die einander folgenden Erscheinungen nicht nur als zeitlich oder räumlich zusammenstehend, sondern als (durch ein Band) miteinander zusammenhängend betrachtet. Diese behauptete Verknüpfung in der Abfolge der Erscheinungen ist es, die durch ein Dazwischentreten des Zufalls aufgehoben werden könnte.

Die bloße Feststellung, daß überhaupt im gesellschaftlichen Bereich etwas geschieht, das Zufall genannt werden kann, ist deshalb für weitere Folgerungen genauso wenig ausreichend, wie die Erkenntnis des Gegenteils. Immer ist auch der genaue Treffpunkt des Zufälligen festzulegen. Wer sich von dieser Überlegung nicht leiten läßt, kann leicht vom Zufall sprechen und mit ihm schon Notwendigkeit, weil sie eine Kehrseite des Zufalls ist, ausschließen, ohne daß er sich zuvor fragt, welchen Begriff

---

[1] Erich *Becher*, Geisteswissenschaften und Naturwissenschaften, S. 233 o.; vgl. Wolfgang *Stegmüller*, Das Problem der Kausalität, in Probleme der Wissenschaftstheorie, S. 176 ff.

des Zufalls er zugrundegelegt hat. Zufall vermag die Verknüpfung von Aufeinanderfolgendem nur zu trennen, wo er tatsächlich unmittelbar trifft, nicht schon, wenn er irgendwie hineinspielt.

Unsere Aufgabe wird es daher zunächst sein, den außerordentlich schillernden Begriff des Zufalls zu zergliedern, damit seine die Rechtssoziologie möglicherweise beschränkende Wirkung gefunden werden kann. Die Andersartigkeit von Natur und Gesellschaft könnte derart prinzipiell sein, daß für die Rechtserkenntnis unüberschreitbare Grenzen gesetzt sind, so daß die Behandlung des Rechts und insbesondere eine Soziologie des Rechts auf bestimmte Forschungsziele und Verfahren festgelegt ist.

§ 2 Der absolute Zufall und die objektive und subjektive Freiheit

Zufall in seiner strengsten Form (absoluter Zufall) bedeutet mangelnde Kausalität. Damit ist gesagt, daß wir von absolutem Zufall dort, d. h. in dem Punkte, nicht sprechen können, wo wir volle Kausalität festgestellt haben.

Wenn wir für einen ausgedehnten Bereich allgemeine, durchgängige Kausalität annehmen, so heißt das, daß in diesem Bereich für den absoluten Zufall kein Raum bleibt; es gilt das Kausalprinzip. Alle Vorgänge im Wirkungskreis des Kausalprinzips geschehen notwendig, und insofern hat es dann einen Sinn, von einem Reich der Notwendigkeit zu sprechen, wo schon begrifflich der absolute Zufall ausgeschlossen ist.

Die Bezeichnung „absolut" soll nicht schon eine Unabhängigkeit des „zufälligen" Vorgangs von subjektiver Erkenntnis ausdrücken, sondern soll auf das (generelle) Fehlen einer festen Verbindung des betreffenden Geschehens gegenüber jedem anderen Geschehen hinweisen. Dementsprechend enthält die Bezeichnung „relativ" im Zusammenhang mit dem Begriff des Zufalls den Gedanken des (speziellen) Fehlens einer festen Verbindung im Verhältnis zu einem bestimmten anderen Geschehen.

Dagegen wird das Verhältnis zum erkennenden Subjekt durch den Vorsatz „objektiv" bzw. „subjektiv" kenntlich gemacht. Der absolute Zufall wird im folgenden „objektiv" genannt, wenn er in den Dingen selbst vorhanden ist, und „subjektiv", wenn er von einem Beobachter oder mehreren Beobachtern als absoluter Zufall wahrgenommen wird. (In der hier gemeinten Bedeutung dieser Begriffe ist an ein Bewertungselement im Sinne von Sachlichkeit bzw. Voreingenommenheit, wie es häufig im Sprachgebrauch des täglichen Lebens vorhanden ist, überhaupt nicht gedacht.) Entsprechendes gilt für die Bezeichnung „objektive" bzw. „subjektive" Freiheit.

§ 2 Der absolute Zufall und die objektive und subjektive Freiheit

1. Der objektiv absolute Zufall im Bereich der unbelebten Natur

Die Behauptung, in der Natur gelte das Kausalprinzip (das den objektiv absoluten Zufall ausschalten würde), läßt sich rein empirisch nicht beweisen. Die Erfahrung des täglichen Lebens lehrt den Menschen nur, daß es Erscheinungen gibt, die auffallend häufig mit bestimmten anderen Erscheinungen räumlich-zeitlich zusammen auftreten. Daraus entsteht die Vorstellung, daß bestimmte Zustände auf die ihnen beständig folgenden einwirken, und über die sinnliche Erfahrung hinaus wird vermutet, daß eine entsprechende Folge überall dort eingetreten ist oder in Zukunft eintreten wird, wo die als bedingende Ursache angesehene Erscheinung festgestellt worden ist oder sich wiederholt.

Die Verallgemeinerung dieser Vorstellung geht noch einen kleinen Schritt weiter über die sinnliche Erfahrung hinaus und führt zu der Annahme, daß ein jeder Naturvorgang die notwendige Folge eines vorhergehenden ist (Kausalprinzip).

Im Vertrauen auf die Richtigkeit des Kausalprinzips wird immer wieder und mitunter mit besonderer Hartnäckigkeit, weil man von der Geltung des Prinzips fest überzeugt ist, nach unbekannten Ursachen gesucht. Die Annahme des Prinzips hat sich bisher als Leitsatz für die Erforschung der Natur glänzend bewährt und scheint immer wieder aufs neue bestätigt zu werden.

Gleichwohl haben die Ergebnisse der modernen Naturwissenschaft zu einer heftigen Kritik am klassischen Kausalbegriff geführt; im feinsten physikalischen Geschehen ist die menschliche Erkenntnis nach den bestehenden physikalischen Theorien auf prinzipielle Grenzen gestoßen.

Bedingungen, die mit Notwendigkeit einen bestimmten Zustand herbeiführen, können nicht mehr festgestellt werden.

Wenn daher der Begriff des Kausalen weitgehend als nicht mehr angemessen angesehen wird und durch den Begriff des Funktionalen (im logischen Sinn) ersetzt wird, so bringt dieser Wechsel in der Terminologie eine bessere Einsicht zum Ausdruck und kann nicht von vornherein als abgeänderte Bezeichnung derselben Sache abgetan werden.

*a) Die Bedeutung der neueren Erkenntnisse der
Physik in bezug auf die Geltung des Kausalprinzips*

Zur gegenwärtigen Lage in der Mikrophysik meint *Jordan*[1], in der Quantentheorie seien die statistischen Begriffe nicht ein Ausdruck für eine Unvollständigkeit unserer Einsicht in die Dinge, sondern vielmehr

---

[1] Pascual *Jordan*, Die Physik des 20. Jahrhunderts, S. 105.

ein Ausdruck einer in der Natur selber liegenden Unbestimmtheit. Es sei die Natur selbst, die sich bezüglich der atomaren Einzelprozesse nicht im voraus festgelegt habe. Sie vollziehe von Fall zu Fall unvorhersehbare Entscheidungen, die nur im statistischen Durchschnitt feste Regelmäßigkeiten zeigten. Max *Born* spricht von einem Zusammenbruch von Determinismus und Kausalität[2].

Wenzl[3] sieht im Mikrogeschehen eine (allerdings sinnleere) Freiheit innerhalb eines von den Wahrscheinlichkeitsgesetzen abgesteckten Spielraums. Noch uneingeschränkter erklärt *Titze* zusammenfassend: „Wir sehen spontan den radioaktiven Zerfall frei ohne Ursache entstehen, sehen alles in einen Begriff zusammenlaufen, den Begriff der Freiheit"[4].

Freiheit und Spontaneität sind aber Eigenheiten, die sonst nur für den gesellschaftlichen Bereich als typisch ausgegeben werden. Wenn man die Möglichkeit ihrer Existenz in der anorganischen Natur bejaht, wäre ein erster Schritt zur Auflösung der behaupteten Gegensätzlichkeit eines Reichs der Notwendigkeit und eines Reichs der Freiheit getan.

Die Lage in der Mikrophysik deutet auf die vielleicht bemerkenswerte Tatsache hin, daß alle Naturwissenschaften Strukturen kausal erklären, denen in Wahrheit Zufall und Freiheit zugrunde liegen. Denn hält man die atomaren Vorgänge für indeterminiert, so kommt man kaum umhin, auch die Vorgänge im Großen als indeterminiert anzusehen. Es müßte also das ganze Weltbild von der Notwendigkeit in der Natur aufgegeben werden; denn es gibt keine scharfe Grenze zwischen Mikrophysik und Makrophysik. Vielmehr handelt es sich um Größenordnungsgebiete, die nicht voneinander isoliert sind, sondern stetig ineinander übergehen[5]. Außerdem setzt sich die Natur aus dem Kleinsten zusammen.

Die Ausschaltung der Notwendigkeit im Bereich der Physik durch Zufall und Freiheit ist indessen keineswegs ausreichend bewahrheitet. Aus keiner Theorie der Mikrophysik ergibt sich eine in der Natur selbst liegende Unbestimmtheit.

Planck selber hat die neueren physikalischen Theorien dahingehend interpretiert, daß zwar in der Sinnenwelt die Voraussage eines Ereignisses immer mit einer gewissen Unsicherheit behaftet sei, daß aber im physikalischen Weltbilde alle Ereignisse kausal streng determiniert seien[6].

---

[2] Max *Born*, Physik im Wandel meiner Zeit, S. 49. Nicht ganz so entschieden: Erwin *Schrödinger*, Was ist ein Naturgesetz? S. 15 ff.; Louis de *Broglie*, Die Elementarteilchen, S. 63 ff.
[3] Aloys *Wenzl*, Philosophie der Freiheit, S. 30.
[4] Hans *Titze*, Der Kausalbegriff in Philosophie und Physik, S. 201 m.
[5] Max *Planck*, Determinismus oder Indeterminismus? S. 19.
[6] Max *Planck*, Die Kausalität in der Natur, in Wege zur physikalischen Er-

§ 2 Der absolute Zufall und die objektive und subjektive Freiheit

(Um Mißverständnissen vorzubeugen, sei hier bereits darauf hingewiesen, daß Planck, wie sich aus dem Zusammenhang seiner Ausführungen ergibt, unter „Weltbild" die Realität versteht, während der Erkenntnisbereich des Menschen von ihm „Sinnenwelt" genannt wird.)

Auch *Einstein* hat am Kausalprinzip festgehalten[7].

In der Mikrophysik ist lediglich festgestellt worden, daß einzelne Geschehnisse sich nicht berechnen lassen, so daß man nicht imstande ist, jeweils die Ursachen ausfindig zu machen, weil die Beobachtung und Messung atomarer Elementarvorgänge immer mit einem kausalen Eingriff in die Vorgänge verbunden ist[8]. Die einfache Ergebnislosigkeit der Ursach-Forschung darf aber nicht verwandelt werden in das vermeintliche Forschungsergebnis der Ursachlosigkeit[9]. Wenn die Einzelursachen nicht ermittelt werden können, so ist es dennoch möglich und sogar naheliegend, anzunehmen, daß sie vorhanden sind, sich aber zur Zeit oder für immer unserer Erkenntnis entziehen. Es bleibt zwar offen, *welche* Ursachen für die Einzelfälle vorliegen, aber das schließt nicht aus, daß überhaupt Ursächlichkeit besteht[10].

Akausale Vorgänge im strengen Sinn des Wortes gibt es auch für die Quantenmechanik nicht. Die Annahme, daß das gesamte Naturgeschehen einen von einem beliebigen Zeitpunkt aus prinzipiell übersehbaren Zusammenhang bildet, scheitert nicht deshalb, weil die Kausalkette abreißt, sondern nur daran, daß wir physikalisch ein Ding oder einen Vorgang nicht für sich allein, unabhängig vom Beobachtungszusammenhang beschreiben können[11].

Zu welch willkürlichen Differenzierungen die Gegenmeinung greifen muß, sieht man an den Erläuterungen von *Jordan*[12]: wenn auch die atomaren Einzelprozesse unbestimmt verliefen, so behielte die *Kantsche* Auffassung, daß lückenlose Ursächlichkeit der Naturvorgänge unentbehrliche Voraussetzung jedes physikalischen Denkens überhaupt sei, doch in einem anderen Sinne Recht. „Wir bedürfen makrophysikalischer,

---

kenntnis, S. 229; vgl. Eduard *May*, Die Bedeutung der modernen Physik für die Theorie der Erkenntnis, S. 124 ff., der ausführt, daß die Quantenmechanik keineswegs die „Ungültigkeit" des Kausalprinzips beweise, sondern vielmehr im Gegenteil die Gültigkeit des durchgängigen Kausalzusammenhangs postulatorisch voraussetze, um überhaupt den Grund und Boden für ihren Beweis gewinnen zu können.

[7] Albert *Einstein*, Mein Weltbild, S. 7.
[8] Vgl. z. B. Max *Hartmann*, Die Kausalität in der Biologie, Studium generale, Bd. 1, S. 350 (355 o.).
[9] Johannes Erich *Heyde*, Entwertung der Kausalität? S. 51 m.
[10] Vgl. Johannes Erich *Heyde*, a.a.O., S. 55.
[11] Grete *Henry-Hermann*, Die Kausalität in der Physik, Studium generale, Bd. 1, S. 375 ff.
[12] Pascual *Jordan*, Die Physik des 20. Jahrhunderts, S. 106 f.

also nach strenger Ursächlichkeit funktionierender Apparate, um überhaupt in der atomaren Welt sichere Beobachtungen machen und Gesetzmäßigkeiten feststellen zu können[13]." Das ist für sich genommen zutreffend; da sich aber keine scharfe Trennungslinie zwischen den Beobachtungsinstrumenten und der übrigen Welt ziehen läßt und es von menschlicher Bewertung abhängt, was Beobachtungsapparat ist, fehlt für eine prinzipielle Unterscheidung nach diesem Gesichtspunkt die sachliche Grundlage.

*b) Die Geltung des Kausalprinzips
in erkenntnistheoretischer Sicht*

Die Unbeweisbarkeit des Kausalprinzips in empirischer Hinsicht wiegt nicht so schwer wie häufig angenommen wird. Denn sie läßt den Schluß auf einen zweifelhaften Inhalt des Prinzips nicht zu. Seine Unbeweisbarkeit liegt vielmehr daran, daß es an jedem Ort und zu jeder Zeit gelten soll und deshalb nicht jeder einzelne Anwendungsfall, der in der Realität vorkommt oder vorkommen wird, auf seine Vereinbarkeit mit dem Prinzip hin überprüft werden kann, was für einen strengen empirischen Beweis erforderlich wäre. Es darf andererseits nicht übersehen werden, daß, weil das Kausalprinzip ungleich viel häufiger in Erscheinung tritt als andere Allaussagen, wie z. B. jedes Naturgesetz, es auch dementsprechend besser bestätigt ist. In Anbetracht der behaupteten umfassenden Allgemeingültigkeit dieses Prinzips müßte es viel leichter sein, einen einzigen konkreten Fall nachzuweisen, der tatsächlich zufällig abläuft. Ein derartiger negativer Beweis, der in diesem Zusammenhang allein möglich wäre, ist bisher nicht gelungen. In der Vergangenheit hat sich immer nur gezeigt, daß scheinbar zufällige Abläufe nach genauerer Erforschung sich später doch als kausal verlaufend herausgestellt haben.

Der Kausalbegriff ist lediglich dort fehl am Platze, wo er als Mittel der erkenntnismäßigen Formulierung verwendet wird. Die berechtigte Kritik richtet sich gegen einen naturwissenschaftlichen Gesetzesbegriff im Sinne streng kausaler Gesetzlichkeit, d. h. gegen die Aufstellung der Behauptung, daß auf bestimmte gesetzlich formulierte Ursachen mit unfehlbarer Notwendigkeit die gesetzlich formulierten Wirkungen folgten.

Es geht also um eine treffendere Ausdrucksform für die Beschreibung der Verknüpfung, die voneinander abhängige Vorgänge erkennen lassen, um die Ebene des begriffsmäßig Abstrakten, nicht des seinsmäßig Konkreten. Betrachtet man aber nur die Eigenarten der Vorgänge selbst im Gegensatz zu den Aussagen über diese Eigenarten oder im Gegen-

---

[13] *Jordan*, a.a.O., S. 106 u.

§ 2 Der absolute Zufall und die objektive und subjektive Freiheit 19

satz dazu, wie die Vorgänge in Gesetzen als brauchbare Anknüpfungspunkte hervorgehoben werden, dann kann durchaus noch von Kausalität im strengen Sinn einer tatsächlich notwendigen Verknüpfung mehrerer Vorgänge gesprochen werden.

Die in dieser Gegenüberstellung zum Ausdruck kommende scharfe Unterscheidung von Seiendem an sich und Erkenntnis von ihm wird nicht selten für unzulässig erklärt. Da die reale Welt den Erkenntnissen vom Seienden zugrunde liege, dürften zwischen beiden Gebieten keine Widersprüche auftreten. Diese Festlegung sei überhaupt die Grundbedingung dafür, daß von der Erscheinungswelt auf das Seiende an sich geschlossen werden kann. Die menschliche Erkenntnis wäre sonst sinnlos, und auf dieser Widerspruchsfreiheit beruhe die Lebensmöglichkeit des Menschen[14]. Demnach sei es undenkbar, daß das Kausalprinzip auch dann gelten könne, wenn es vom Menschen nicht festgestellt werden kann[15].

Die Ansicht führt zu einer mindestens teilweisen Gleichsetzung von Realität und Wissen um sie oder überspannt das Postulat der Widerspruchsfreiheit. Die reale Außenwelt kann nämlich grundsätzlich anders sein als das Bild, das sich der Mensch von ihr macht, ohne daß sich ein Widerspruch ergibt, weil die betreffenden Gebiete zueinander in zwei elementar verschiedenen Ebenen liegen. Andersartigkeit bedeutet nicht Widersprüchlichkeit, sondern vermag sie in extremen Fällen sogar auszuschließen. Faßt man aber den Begriff des Widerspruchs weiter, so ist er schon insofern zuzulassen, als jedes Bild vom Seienden wegen der beschränkten Erkenntnisfähigkeit des Menschen hinter der Wirklichkeit notwendig zurückbleibt, so daß immer eine Diskrepanz bestehen bleibt.

c) Die Existenz einer subjektunabhängigen physikalischen Realität (Standortbestimmung des objektiv absoluten Zufalls)

Es läßt sich nunmehr zeigen, daß die Meinungsverschiedenheiten zu der Frage, ob in der Realität dem Mikrokosmos entstammende Unbestimmtheiten auftreten, sich zum größten Teil auf unterschiedliche Begriffe von der Realität überhaupt reduzieren lassen, was nur selten deutlich genug sichtbar wird. Während *Jordan*[16] die eigentliche physikalische Wirklichkeit in nichts anderem sieht, als in der Gesamtheit der Beobachtungsresultate selbst, meint *Planck*, es sei keineswegs so, daß das

---

[14] Hans *Titze*, Der Kausalbegriff in Philosophie und Physik, S. 59, 111 m., 129 m., 198.
[15] Hans *Titze*, a.a.O., S. 129 m.
[16] Pascual *Jordan*, Die Physik des 20. Jahrhunderts, S. 103 m.; vgl. Max *Born*, Physik im Wandel meiner Zeit, S. 109 ff., 145 ff.

physikalische Weltbild nur direkt beobachtbare Größen enthalte oder enthalten dürfe[17]. Es enthalte sogar stets Bestandteile, „die für die Sinnenwelt nur sehr indirekte oder gar keine Bedeutung haben, wie Ätherwellen, Partialschwingungen, Bezugssysteme usw."[18].

Nur wenn man die verschiedenen Realitätsbegriffe auseinanderhält und sich jeweils vor Augen führt, welcher Begriff gemeint ist, können Mißverständnisse vermieden werden. Beispielsweise wird die Äußerung von *Titze*, die Physik kenne sogar ursachlose Vorgänge, und zwar nicht in dem Sinne, daß negativ die Ursache nicht, sondern so, daß positiv die Ursachlosigkeit festgestellt worden sei[19], erst verständlich bei Zugrundelegung eines Realitätsbegriffes, der am Meßbaren orientiert ist.

Eine genauere Klärung der möglichen Positionen trägt nicht nur zur Illustration und Deutung der bestehenden Meinungsverschiedenheiten hinsichtlich der physikalischen Notwendigkeit bei, sondern liefert auch erst, darauf sei bereits hingewiesen, für einen ausreichend sachgerechten Vergleich des physikalischen Bereichs mit dem gesellschaftlichen Bereich die zuverlässige Basis und ist von ausschlaggebender Bedeutung für die Frage, von welchem Sachverhalt Naturwissenschaften bei der Erkenntnis ihrer Gegenstände jeweils ausgehen.

In den Ausführungen der einzelnen Physiker kommt die Zweideutigkeit der Begriffe Realität, Wirklichkeit, Natur selbst, Seiendes an sich selten klar zum Ausdruck, weil ein jeder mit diesen Wörtern die Idee des polaren Gegensatzes zur reinen Innenwelt des Menschen verbindet und so eine Gleichheit in der Terminologie vorgetäuscht wird. Auffassungsverschiedenheiten bestehen jedoch darüber, wie scharf pointiert dieser Gegensatz zur Innenwelt des Menschen ausgeprägt ist; abgesehen von kleinen Inhaltsnuancen jener Begriffe untereinander, wird der jeweils gleichartige Kern ihrer Bedeutung von Physikern, die der „Kopenhagener Schule"[20] angehören, und hauptsächlich von Positivisten[21] meist so aufgefaßt, daß eine wenn auch geringe Relation zum erkennenden Subjekt bestehen bleibt.

---

[17] Max *Planck*, Die Kausalität in der Natur, in Wege zur physikalischen Erkenntnis, S. 228 u.; vgl. in diesem Sinne auch Albert *Einstein*, Mein Weltbild, S. 212; kritisch zu *Einsteins* Auffassung von der Realität Carl Friedrich von *Weizsäcker*, Einstein und Bohr, in Zum Weltbild der Physik, S. 200 ff.

[18] Max *Planck*, a.a.O., S. 228 u. f.

[19] Hans *Titze*, Der Kausalbegriff in Philosophie und Physik, S. 160 u. f., 198 u.

[20] Vgl. Herbert *Hörz*, Werner *Heisenberg* und die Philosophie, S. 155 ff.; Gerhard *Hennemann*, Die philosophische Problematik der physikalischen Wirklichkeit, Studium generale 1965, S. 601 (605).

[21] Vgl. hierüber Johannes Erich *Heyde*, Entwertung der Kausalität? S. 58 ff., 66 ff.; Bernhard *Bavink*, Ergebnisse und Probleme der Naturwissenschaften, S. 235.

§ 2 Der absolute Zufall und die objektive und subjektive Freiheit

Nur derjenige Zustand soll für die Naturwissenschaften „real" sein, der entweder durch Meßwerte hinreichend gekennzeichnet werden kann oder auf dessen Vorliegen bzw. Eintreten auf Grund von empirisch gegebenen hinreichend gekennzeichneten Zuständen mit Hilfe von Naturgesetzen mit Notwendigkeit geschlossen werden kann[22].

Unter diesem Realitätsbegriff, der bereits der Physik des Galilei zugrunde lag[23], tauchen so lange keine sichtbaren Schwierigkeiten auf, als es möglich ist, Messungen mit prinzipiell unbegrenzter Genauigkeit durchzuführen. Aus der Gesamtheit der quantenphysikalischen Erkenntnisse ergibt sich aber, daß Meßergebnisse aus dem Mikrobereich nur innerhalb von Ungenauigkeitsintervallen angebbar sind. Es können prinzipiell nur immer einzelne Fragen über die atomare Wirklichkeit experimentell beantwortet werden[24]; der Zustand des Ganzen entzieht sich menschlicher Erkenntnis und kann auch nicht mit Hilfe von Naturgesetzen ermittelt werden. Der Ort, an dem ein Photon oder Elektron kurz nach der Messung angetroffen werden kann, ist schon nicht mehr eindeutig bestimmbar und läßt sich nur aus Wahrscheinlichkeitsgesetzen ableiten.

Die klassischen Realitätskriterien sind danach im Mikrobereich nicht erfüllt, und folgerichtig müßte man sämtliche mangelhaft bestimmbaren, nur wahrscheinlichen Zustände durchweg als nicht real bezeichnen. Das wäre aber ein physikalisch kaum zu vertretendes Ergebnis angesichts der Tatsache, daß an Elektronen einzelne bestimmte Eigenschaften feststellbar sind; ganz verschiedene Beobachtungen können jeweils annähernd dieselben Werte für Ladung, Ruhmasse und Spin des Elektrons ergeben[25].

Um ein hinreichendes Vorhandensein von Realität im Mikrobereich aus der klassischen Definition abzuleiten, besteht daher nur die Möglichkeit, das erkannt unvollkommene Bild von der Wirklichkeit als Realität gelten zu lassen. In einem derartigen Weltbild bliebe kein Platz mehr für die Existenz einer objektiven nur für sich selbst bestehenden physikalischen Situation.

Auch diese Lösung, die nur wahrscheinlichen Zuständen schon den „Charakter von Realitäten"[26] zuschreibt, ist nicht akzeptabel. Wenn jede Wahrscheinlichkeit ohne weiteres einen gewissen Grad von Realität

---

[22] Vgl. Béla *Juhos*, Die zwei logischen Ordnungsbegriffe der naturwissenschaftlichen Beschreibung, Studium generale 1965, S. 581 (587 u.).
[23] Gerhard *Hennemann*, Die philosophische Problematik der physikalischen Wirklichkeit, Studium generale 1965, S. 601 u.
[24] Vgl. Carl Friedrich von *Weizsäcker*, Die Atomlehre der modernen Physik, in Zum Weltbild der Physik, S. 41 f.
[25] Max *Born*, Physik im Wandel meiner Zeit, S. 111.
[26] So Max *Born*, a.a.O., S. 111 m.

hat, dann wäre nicht auszuschließen, daß ein Sachverhalt, der sich aus bestimmten Eigenschaften (und das heißt auch: möglichen Wirksamkeiten) zusammensetzt, mit seiner Negation gleichgestellt wird, an der Eigenschaften überhaupt nicht feststellbar sind. In einem solchen Fall fingierte man aus dem Nichts ein Dasein.

Schon begrifflich ist die Aussage über ein Ereignis, daß es mehr oder weniger wahrscheinlich sei, nur sinnvoll, wenn für das wahrscheinliche Ereignis die Alternative des Eintretens oder des Nichteintretens denkbar ist. Diese Alternative entfällt aber, wenn man Wahrscheinlichkeit den Charakter der Realität beimißt und mehr oder weniger Wahrscheinliches mit einem entsprechenden Grad von Realität identifiziert. Voraussetzung für diese Alternative ist vielmehr die mindestens theoretische Möglichkeit, daß die Erwartung durch eine von ihr verschiedene volle Realität ausgefüllt werden kann, auch wenn im Einzelfall nicht festzustellen ist, ob die Erwartung in der Realität tatsächlich materiell ausgefüllt wird oder nicht.

Aus der Sicht des Physikers fällt es allerdings schwer, eine den Erscheinungen zugrunde liegende, von ihnen verschiedene Realität anzunehmen. Einmal deshalb, weil die physikalische Forschung von Protokollaussagen, die die sinnlich beobachtbaren Phänomene beschreiben, ausgeht und zunächst auch ausgehen muß. Zum anderen, weil ihre Ergebnisse insofern einen gewissen praktischen Akzent tragen, als Ursachen, die vom Menschen gesetzt werden, nur höchstens in dem Maße beherrschbar sind, wie sie sich dem Menschen als Erscheinung darstellen; da weitere Forschungen und Experimente bzw. die Nachprüfung von Ergebnissen immer einen Beobachter voraussetzen, kann die Physik mit der Vorstellung einer subjektunabhängigen Wirklichkeit wenig anfangen.

Mag auch eine solche Weltanschauung in der Physik durch diese Überlegungen verständlich werden und mag die Physik auch gut damit auskommen und ein subjektiv gefärbter Realitätsbegriff ihr in mancher Beziehung nützlich sein, so ist es doch aus einer umfassenderen Sicht heraus nicht vertretbar, wenn trotz logischer Schwierigkeiten, um der Unzulänglichkeit menschlicher Erkenntnis Rechnung zu tragen oder aus Zweckmäßigkeitsgründen, der Mangel der scharfen Trennbarkeit von Subjekt und Objekt bei der Beobachtung des Mikrogeschehens nicht lediglich als methodische Besonderheit interpretiert, sondern zum Seinsprinzip erhoben wird. Denn die Leugnung der Existenz einer objektiven physikalischen Situation heißt, als Seinsprinzip aufgefaßt, nichts anderes, als daß das Bestehen einer objektiven Außenwelt schlechthin in Abrede gestellt wird, eine Konsequenz, in der Max *Born* selbst ein „Körnchen Wahrheit"[27] sieht.

---

[27] Max *Born*, Physik im Wandel meiner Zeit, S. 110 m.

§ 2 Der absolute Zufall und die objektive und subjektive Freiheit

Es sollte daran festgehalten werden und es ist wahrscheinlich die Grundvoraussetzung jeglicher wissenschaftlichen Forschung, daß alles Weltgeschehen in erster Linie unabhängig verläuft von den Menschen und ihren Meßwerkzeugen[28], wenn wir auch, um von den Geschehnissen Kunde zu erhalten, immer auf Messungen angewiesen sind. Die Ergebnisse und möglichen Zielsetzungen der physikalischen Wissenschaft werden erst ins rechte Licht gerückt durch die Annahme einer von uns unabhängigen realen Welt, die wir allerdings niemals direkt, sondern immer nur durch die Brille unserer Sinnesempfindungen wahrnehmen können. Das Subjekt der Betrachtung, das beobachtende Ich, ist nicht Mittelpunkt des Erkannten, sondern hat einen ganz bescheidenen Platz inne[29].

Die Notwendigkeit physikalischen Geschehens kann und muß, was wohl von niemandem bestritten wird, überhaupt nur dann angenommen werden, wenn man von diesem Realitätsbegriff ausgeht, wie ihn *Planck* und *Einstein* zugrunde legen. Wer dagegen die Realität von vornherein auf die Summe der Beobachtungsergebnisse beschränkt, kommt schon von dieser anfechtbaren Grundanschauung her folgerichtig unvermeidbar zu dem Ergebnis, daß die „Realität" selbst Unbestimmtheiten aufweise. Es wird nun deutlich sichtbar, daß bei dieser Anschauung gar keine Aussage über die wirkliche Geltung des Kausalprinzips möglich ist.

Nach alledem läßt sich die gesamte physikalische Natur, soweit sie als Teil der vollen realen Außenwelt verstanden wird, als Reich der Notwendigkeit bezeichnen; absoluter Zufall oder „Freiheit" (die in der übertragenen Bedeutung mit dem Begriff des Zufalls völlig zusammenfällt) im Sinne einer Durchbrechung des Kausalprinzips sind nicht aufweisbar.

2. Der objektiv absolute Zufall und die objektive Freiheit im gesellschaftlichen Bereich

Während das Bild von der unbelebten Natur als eines Reiches der Notwendigkeit im wesentlichen erst durch die Ergebnisse der modernen Physik in Frage gestellt worden ist, wurde im gesellschaftlich-geschichtlichen Bereich dem Zufall, besonders aber der Freiheit, schon immer eine tragende Rolle eingeräumt. Es sind mannigfache Anzeichen dafür vorhanden, daß wenigstens ein großer Teil des gesellschaftlichen Lebens auf objektiv absolutem Zufall oder auf objektiver Freiheit beruht.

Die deutsche Geschichte wäre anders verlaufen, wenn Bismarck „zufällig" als Kind gestorben wäre. Talent und Charakter eines Politikers

---
[28] Vgl. Max *Planck*, Determinismus oder Indeterminismus? S. 23.
[29] Vgl. Max *Planck*, Religion und Naturwissenschaft, S. 21.

werden meist als unableitbare Gegebenheiten angesehen. Die Zukunft sozialer Gruppen oder eines ganzen Volkes kann geprägt werden durch „zufällige" menschliche Begegnungen. Innere Einstellungen der Gruppenmitglieder, von denen auch das (lebende) Recht abhängig ist, beruhen häufig auf unsachlichen Motiven oder werden plötzlich verändert durch Ereignisse, deren Eintreten außerhalb jeder Wahrscheinlichkeit lag. Sogar wichtige Entscheidungen des „Gesetzgebers" werden von dem Vorhandensein oder Nichtvorhandensein unvorhersehbarer Nebensächlichkeiten beeinflußt. Da scheint es nur folgerichtig zu sein, wenn *Moór*[30] erklärt, der Rechtsinhalt sei immer zufällig.

Am Beispiel der Rezeption des schweizerischen Zivilgesetz- und Obligationengesetzbuchs in der Türkei zeigt *Hirsch* in mehrfacher Hinsicht, wie sehr die Gestaltung von Gesetzgebung, Rechtsprechung oder Lehre vom Zufall abhängig sein kann. Mißverständnisse, Übersetzungsfehler und dergleichen entziehen sich jeder wissenschaftlichen Klassifizierung[31].

Auch „der Gesetzgeber" selbst rechnet mit der Tatsache des Zufalls im sozialen Leben und sieht sich gezwungen, damit zusammenhängende Interessenkonflikte zu lösen; die Vorschriften der §§ 287, 350, 848 BGB, der §§ 233, 337 ZPO sowie des § 44 StPO, in denen der Zufall als Tatbestandsmerkmal genannt ist, sind von großer praktischer Bedeutung.

Aber noch ungleich schwerwiegenderen Einfluß als der Zufall haben die bewußten Einwirkungen der Individuen auf den Ablauf des sozialen Lebens. Freie Willensentschlüsse sind den Zufälligkeiten insofern ähnlich, als ihr Inhalt für unabhängig von zwangsläufig bestimmenden Faktoren angesehen wird.

Sowohl einzelne soziale Beziehungen wie auch die Gesamtheit sozialen Lebens werden durch psychische Vorgänge gestaltet. Die psychische Realität hat aber anscheinend in besonderem Maße offene Bezirke, wo Voraussetzungen, die mit Notwendigkeit ein festumrissenes menschliches Verhalten zur Folge haben, nicht aufgestellt werden können. Der Mensch kann von sich aus zu jeder Zeit etwas Neues hervorbringen, sich mit den Gewohnheiten der Mehrheit in Widerspruch setzen oder plötzlich nach einer Einsicht handeln, die mit seinen früheren Auffassungen nicht vereinbar ist. Dann ist auch für das Ganze der Gemeinschaft ein Vorschreiten in neue Bahnen nicht auszuschließen „und die Notwendigkeiten beschränken sich auf die Geltung der allgemeinen Schranken menschlichen Wirkens und den unvermeidlichen Einfluß der Gemeinschaft auf den

---

[30] Julius *Moór*, Reine Rechtslehre, Naturrecht und Rechtspositivismus, in Gesellschaft, Staat und Recht, S. 63 m., 66 m., 91 m.
[31] Ernst E. *Hirsch*, Die Einflüsse und Wirkungen ausländischen Rechts auf das heutige türkische Recht, in Das Recht im sozialen Ordnungsgefüge, S. 106 (110 ff., 120).

§ 2 Der absolute Zufall und die objektive und subjektive Freiheit

einzelnen"[32], wie es scheint. „So will sich denn nirgends, wohin wir auch den Blick richten, jene feste Ordnung, jene unfehlbare Verknüpfung von Ursache und Wirkung zeigen, die wir als das erste und entscheidende Merkmal eines Gesetzes anzusehen uns gewöhnt haben[33]."

Im Grundgesetz wird der gesellschaftlichen Freiheitssphäre mit den Grundrechten eine zentrale Stellung eingeräumt. Der Bundesgerichtshof sieht die Freiheit des einzelnen als Grundlage strafrechtlicher Schuld an: „Der innere Grund des Schuldvorwurfs liegt darin, daß der Mensch auf freie, verantwortliche, sittliche Selbstbestimmung angelegt und deshalb befähigt ist, sich für das Recht und gegen das Unrecht zu entscheiden ... Wer weiß, daß das, wozu er sich in Freiheit entschließt, Unrecht ist, handelt schuldhaft, wenn er es gleichwohl tut[34]."

Vergegenwärtigt man sich einzelne Vorgänge bei Rechtsetzung oder Rechtsanwendung, so werden Freiheit und Zufall z. B. dann besonders augenfällig, wenn der Urteilsspruch einer Strafkammer von der Stimme eines Schöffen abhängig ist, der sich, von Zweifeln befallen, über seinen Stimmentscheid völlig unschlüssig ist, der vielleicht schon während der Beratung erkannt hat, wie die anderen Richter abstimmen werden, und nun bemerkt, daß von seiner Stimme die Entscheidung über Verurteilung oder Freispruch abhängt. Häufig werden dann unwägbare Überlegungen den Ausschlag geben. In derartigen Zweifelsfällen, wo sehr verschiedene Meinungen vertreten werden, kann für den Urteilsspruch letztlich entscheidend sein, welcher Schöffe für den betreffenden Sitzungstag der Kammer durch Auslosung bestimmt worden ist.

Mit der Feststellung, daß jeweils Ereignisse angegeben werden können, die auf das geschilderte Verhalten der Beteiligten kausal eingewirkt haben, wäre noch nichts gewonnen; denn es ist damit noch nicht zugleich festgestellt, daß Zufall oder Freiheit in dem hier zugrunde gelegten Sinn an diesem Vorgang ausgeschlossen sind, weil schon eine teilweise Offenheit des Geschehens für ihr Vorhandensein ausreichen würde. Nur die völlige kausale Verbindung eines Vorgangs mit der Vergangenheit verhindert seine Zufälligkeit. Kausal ist bekanntlich schon jedes Ereignis, das nicht hinweggedacht werden kann, ohne daß der eingetretene Erfolg mit hinweggedacht werden muß. In dieser Definition werden die Ereignisse der Vergangenheit auf ihre Wirkung in die Zukunft hinein, d. h. die Anfangspunkte der Kausalbeziehungen, betrachtet. Über die Möglichkeit, daß Vorhergehendes auf die Verhaltensweisen der Menschen einwirken kann, bestehen aber keine Meinungsverschiedenheiten. Die

---

[32] Gustav *Rümelin*, Über Gesetze der Geschichte, in Reden und Aufsätze (Neue Folge), S. 118 (127 u. f.).
[33] Gustav *Rümelin*, a.a.O., S. 137 o.
[34] BGHSt Bd. 2, S. 200 f.

Frage der allgemeinen Beziehung eines Vorganges zur Vergangenheit, ob ein Vorgang zufällig entstanden ist, läßt sich anhand dieser Kausaldefinition nicht beantworten.

Objektiv absoluter Zufall und objektive Freiheit können im Sozialleben auch nicht einfach durch einen Hinweis auf das im physikalischen Geschehen geltende Kausalprinzip mit der Begründung ausgeschlossen oder als bloßer Schein hingestellt werden, daß ein wissenschaftliches Weltbild nur monistisch sein könne. Denn es ist gerade die Frage, ob ein derart einheitliches Weltbild sachlich gerechtfertigt ist.

Die Untersuchung des gesellschaftlichen Bereichs darf daher nicht von der Geltung des Kausalprinzips ausgehen.

a) Die Wirklichkeit des objektiv absoluten Zufalls

Ein Ereignis beruht dann auf objektiv absolutem Zufall, wenn es unter denselben Bedingungen auch gar nicht oder anders hätte eintreten können. In einem solchen Fall wäre das Ereignis durch Vorhergehendes höchstens möglich geworden, aber nicht durch die vorhergehenden Umstände wie im Geltungsbereich des Kausalprinzips bestimmt (determiniert).

Das bereits als Beispiel erwähnte Verfahren der Auslosung von Schöffen soll nun gerade dem Zweck dienen, daß es dem „Zufall" überlassen bleibt, an welcher Sitzung die einzelnen Schöffen jeweils teilnehmen. Der Eindruck, daß es sich hierbei um Zufall in seiner strengsten Form handelt, wird dadurch verstärkt, daß man sagen kann, bis zum Zeitpunkt der Auslosung sei die Verteilung der Schöffen „unbestimmt"; niemand kann die einzelnen Faktoren überblicken, die schließlich zum Ergebnis der Auslosung führen.

Hier zeigt sich bei näherer Betrachtung eine Mehrdeutigkeit des Wortes „Bestimmen". „Bestimmen" ebenso wie „Determinieren" wird im wissenschaftlichen und philosophischen Schrifttum sowohl im Sinne von (logischem) „Feststellen" wie auch im Sinne von „Festlegen" (durch reale Bedingungen) verwendet. *Heyde*[35] weist auf die hierauf beruhende verbreitete Gewohnheit hin, daß von „indeterminiertem" oder „unbestimmtem" Geschehen die Rede ist, wo „unvoraussagbares" Geschehen gemeint ist[36], oder daß sogar unversehens der Sinn des Nicht-Ursächlichen im Laufe der Bearbeitung doch wieder zum Vorschein kommt. Vorhersagbarkeit und Kausalität sind aber zwei ganz verschiedene Dinge. Im

---
[35] Johannes Erich *Heyde*, Entwertung der Kausalität? S. 52 ff.
[36] Moritz *Schlick*, Die Kausalität in der gegenwärtigen Physik, Die Naturwissenschaften, Jg. 31, S. 145 (158 m.) erklärt, das Wort „determiniert" (und gleichbedeutend damit „bestimmt") bedeute genau dasselbe wie „voraussagbar" oder „vorausberechenbar".

§ 2 Der absolute Zufall und die objektive und subjektive Freiheit

Zusammenhang mit dem objektiv absoluten Zufall kommt für die Begriffe „Bestimmen" oder „Determinieren" nur die Bedeutung des „Festlegens" in Betracht, wie sich anhand der oben aufgeführten Zufallsformel erkennen läßt, so daß „Unbestimmtheit" nur dann mit dem objektiv absoluten Zufall zusammenfallen würde, wenn das Geschehen durch reale Bedingungen „nicht festgelegt" wäre. Das Ergebnis der Auslosung ist lediglich unbestimmt im Sinne von „nicht vorhersagbar". Unter genau denselben (realen) Bedingungen bliebe das Ergebnis der Auslosung bei jeder Wiederholung dasselbe. Es ist nicht ersichtlich, wo für den absoluten Zufall noch Raum bliebe; denn insbesondere zwischen dem Vorgang der Auslosung und dem Ergebnis besteht keine Abstufung. Das gesamte Geschehen geht kontinuierlich ineinander über. In Wirklichkeit ist jeder Geschehenspunkt durch jeweils unmittelbar vorhergehende, ihn bedingende Faktoren festgelegt, sonst könnte gar kein Ablauf entstehen. Die Ausschaltung des reinen absoluten Zufalls, die für den gesamten gesellschaftlichen Bereich verallgemeinert werden kann, ist hier aber nicht von ausschlaggebender Bedeutung, weil derartige Konstellationen in ihrem Entstehen oder während ihres Ablaufs meist durch menschliche Willensbetätigung, die als über der Ursächlichkeit stehend gedacht wird, entscheidend beeinflußt oder überlagert werden.

Freilich darf unter Wirklichkeit im Gesellschaftlichen nicht nur der prinzipiell wahrnehmbare Teil der Wirklichkeit verstanden werden. Gemeint ist vielmehr die volle Wirklichkeit an sich, die den Erscheinungen zugrunde liegt. Unter dieser Voraussetzung, so haben wir gesehen, konnte die physikalische Realität als Reich der Notwendigkeit bezeichnet werden. Und mit der vorgenommenen Klärung der Frage, was unter physikalischer Realität zu verstehen sei, ist bereits die Grundlage dafür gegeben, daß bei der Untersuchung des Soziallebens von einem entsprechenden Realitätsbegriff ausgegangen wird. Ein Vergleich zwischen unbelebter Natur und Gesellschaft hat im vorliegenden Zusammenhang nur dann einen Sinn, wenn auch tatsächlich Analoges einander gegenübergestellt wird. Es wäre leicht, zu beweisen, daß ein Quadrat kein Spezialfall eines Rechtecks ist, wenn man ein gezeichnetes Quadrat mit der Idee eines Rechtecks vergleicht. Daher interessiert hier nur die gesellschaftliche Realität für sich selbst, ungeachtet der unmittelbaren Beobachtbarkeit durch ein Subjekt.

Die Ausklammerung des Subjektiven bedeutet selbstverständlich nicht eine Vernachlässigung der persönlichen Elemente des Gesellschaftslebens; denn sie sind gerade der unabdingbare Hauptbestandteil der sozialen Realität. Subjektives soll aber lediglich als objektiv Gegebenes Berücksichtigung finden, und zwar nicht etwa nur, soweit Reaktionen sichtbar werden, sondern auch, soweit rein seelische Vorgänge vorhanden sind, die nicht unmittelbar erkennbar sind.

b) *Die objektive Freiheit des einzelnen*

Von dem soeben dargelegten Standpunkt aus betrachtet, wird die Frage nach der Freiheit des Subjekts in unmittelbare Nähe des Zufallsproblems gerückt. „Objektive Freiheit" des einzelnen, das heißt also Freiheit von außen her gesehen, im Bewußtsein der Unzulänglichkeit rein sinnlicher Wahrnehmung unter Einschluß des Verborgenen, das nur teilweise bereits wissenschaftlich bekannt ist, liegt dann vor, wenn ein Verhalten unter denselben Bedingungen auch gar nicht oder anders hätte geschehen können. Demnach besteht in dieser Hinsicht eine formale Gleichheit von Zufall und Freiheit. Im einen Fall jedoch ist es überwiegend körperliches Geschehen, das unvermittelt entsteht, im anderen Fall seelisches.

Zwar wird von niemandem bestritten, daß auch seelische Vorgänge durch solche Faktoren wie Anlage, Erziehung, Not oder auch Witterungsverhältnisse ursächlich beeinflußt werden. Das soll aber nach indeterministischer Anschauung nichts daran ändern, daß der einzelne dennoch die Möglichkeit besitzt, sich kraft seines „freien Willens" über diese ursächlichen Faktoren ganz oder teilweise hinwegzusetzen[37]; ursächliche Faktoren können danach nur insofern determinierend wirken, als sie den Spielraum der Verhaltensmöglichkeiten einengen. In derselben Situation erliegt der eine der Verführung zum Schlechten, während ein anderer der Versuchung widersteht, und der erste hätte bei „gehöriger Gewissensanspannung" ebenfalls die Tragweite des Unrechts einsehen und danach handeln können.

Die Behauptung, jemand hätte anders handeln können, als er tatsächlich gehandelt hat, ist nur richtig, wenn andere als die tatsächlichen inneren oder äußeren Bedingungen vorausgesetzt werden: *Wenn* er sich z. B. die Folgen seiner Tat vor Augen gehalten hätte, hätte er anders gehandelt. *Daß* er dies aber unter den gegebenen Umständen nicht getan hat, beruht auf der Art seiner Persönlichkeit; denn die Möglichkeit der-

---

[37] Einen eindeutig indeterministischen Standpunkt in der Frage nach der „Willensfreiheit" findet man im neueren Schrifttum u. a. bei Aloys *Wenzl*, Philosophie der Freiheit, S. 31 ff.; Hans *Titze*, Der Kausalbegriff in Philosophie und Physik, S. 187 f.; Hermann *Weyl*, Philosophie der Mathematik und Naturwissenschaft, S. 159 ff.: Die Raumzeitwelt sei offen gegen die „unräumliche Materie" (S. 161 u.); Hellmuth *Mayer*, Strafrecht, Allgemeiner Teil, S. 229 f.

Edmund *Mezger* stellt neben die Kategorie der Kausalität die Kategorie der Spontaneität. Hierdurch werde das seelische Geschehen erst verständlich. Er läßt aber ausdrücklich offen, ob entsprechend dieser Denkform auch das seelische Geschehen selbst spontan abläuft (Über Willensfreiheit, S. 13 ff., 28).

§ 2 Der absolute Zufall und die objektive und subjektive Freiheit 29

artiger Überlegungen hängt ganz von der Leistungsfähigkeit seiner psychischen Funktionen ab, ebenso wie die Stellungnahme zu den aufgetretenen Vorstellungen von der charakterlichen Eigenart abhängig ist[38]. Hätte sich ein anderer unter denselben Umständen anders verhalten, so ist dies darauf zurückzuführen, daß er andere Voraussetzungen mitbringt. Die Art der Persönlichkeit des einzelnen ist aber das Ergebnis angeborener Erbanlagen und äußerer Einflüsse. Welchen Einflüssen sich der einzelne aussetzt und wie sein Charakter geformt wird, richtet sich immer nur bestenfalls nach dem, was er ist[39]. Es ist auch theoretisch nicht denkbar, daß sich an irgendeiner Stelle des Geschehens gedanklich ein Schnitt vollziehen läßt, nach dem statt des tatsächlichen ein anderes Geschehen hätte eintreten können. Insofern ist jedes Verhalten uneingeschränkt unfrei[40].

In der „Kritik der praktischen Vernunft" schreibt *Kant:* „Man kann also einräumen, daß, wenn es für uns möglich wäre, in eines Menschen Denkungsart, so wie sie sich durch innere sowohl als äußere Handlungen zeigt, so tiefe Einsicht zu haben, daß jede, auch die mindeste Triebfeder dazu uns bekannt würde, imgleichen alle auf diese wirkende äußere Veranlassungen, man eines Menschen Verhalten auf Zukunft mit Gewißheit, so wie eine Mond- oder Sonnenfinsternis ausrechnen könnte...[41]." Es steht auf einem ganz anderen Blatt, daß sich das Ideal eines Laplaceschen allwissenden Weltgeistes nicht nur, was schon *Laplace* wußte, praktisch nicht verwirklichen läßt, sondern die Welt auch grundsätzlich nicht so wie im Ideal vorausgesetzt beschaffen ist, weil die gleichzeitige Kenntnis von Lage und Impuls aller Weltelemente nach der *Heisenberg*-Relation schon theoretisch unmöglich ist[42]. Die neueren physikalischen Erkenntnisse machen die Annahme der All-

---

[38] Vgl. Hubert *Rohracher,* Einführung in die Psychologie, S. 511.
[39] Vgl. Ernst *Heinitz,* Strafzumessung und Persönlichkeit, ZStW Bd. 63, S. 57 (66 u. ff.). Vgl. hierzu auch im gleichen Sinne Manfred *Danner,* Gibt es einen freien Willen? *Danner* mißt der emotionalen Besetzung der Motive zentrale Bedeutung zu und kommt zu dem Ergebnis, daß die emotionale Besetzung eines Bewußtseinsinhalts durch Veranlagung und Umweltfaktoren bestimmt sei (S. 23 ff., 29).
[40] Vgl. unter vielen anderen beispielsweise Theodor *Geiger,* Vorstudien zu einer Soziologie des Rechts, S. 54 ff.; Max *Planck,* Determinismus oder Indeterminismus? S. 3 ff.
Vgl. aus strafrechtswissenschaftlicher Sicht außer Ernst *Heinitz,* a.a.O.: Karl *Engisch,* Die Lehre von der Willensfreiheit in der strafrechtsphilosophischen Doktrin der Gegenwart, S. 1 ff. (16 ff., 37 u.); Franz von *Liszt,* Strafrechtliche Aufsätze und Vorträge, 2. Band, S. 37 ff.; Max Ernst *Mayer,* Der allgemeine Teil des deutschen Strafrechts, S. 444 ff.; Robert von *Hippel,* Deutsches Strafrecht, 2. Band, S. 283 ff.
[41] Immanuel *Kant,* Kritik der praktischen Vernunft, S. 99 m.; vgl. Kritik der reinen Vernunft, S. 308 ff., 362 ff.
[42] Vgl. Bernhard *Bavink,* Ergebnisse und Probleme der Naturwissenschaften, S. 232; Carl Friedrich von *Weizsäcker,* Das Verhältnis der Quantenmechanik zur Philosophie *Kants,* in Zum Weltbild der Physik, S. 85 f.

wissenheit nur noch hypothetischer, als es *Kant* und *Laplace* ahnen konnten und als sie ohnehin schon war, nicht aber die Folgerung falsch.

Die Anschauung, daß jemand besondere Willensanstrengungen vollbringen kann, die eigentlich von seiner Persönlichkeit gar nicht erwartet werden konnten, geht deutlich von einer oberflächlichen Beurteilung der gesamten Umstände aus. Niemand kann seinen Willen stärker einsetzen, als es seinen wirklichen Fähigkeiten entspricht. Der Eindruck, daß eine Willensentscheidung „erste Ursache" sei, entsteht durch unvollkommene Kenntnis des seelischen Geschehens. Es muß auch speziell in bezug auf die innerseelische Realität daran erinnert werden, daß nicht ein Teil der Wirklichkeit, nämlich die bekannte, als die ganze Wirklichkeit angesehen werden darf, schon deshalb, weil wir sonst objektive Freiheit durch eine Betrachtungsweise erzeugen würden, die wir im physikalischen Bereich ausgeschlossen haben. Wenn nur derjenige Ausschnitt der physischen Realität berücksichtigt wird, der unmittelbar im Verhalten der Persönlichkeit sichtbar wird, und nicht mit dem Vorhandensein von Elementen gerechnet wird, die nur potentiell in der Persönlichkeit wirksam werden können oder nur mittelbar ins Anschauliche „hineinwirken"[43], so würde die menschliche Ungewißheit verabsolutiert werden.

Je komplizierter ein Vorgang ist, desto weniger überschaubar sind seine Ursachen, so daß in den immer äußerst komplizierten psychischen Vorgängen einzelne Ursachen oder Motive nicht mehr entdeckt werden können. Projiziert man nun diese lückenhafte Vorstellung von der Wirklichkeit in das Objekt der Erkenntnis hinein, wie es der Indeterminismus tut, so wird im menschlichen Bereich mühelos objektive Freiheit aufgefunden werden können. Dieser logische Trugschluß ist im vorliegenden Zusammenhang deshalb besonders wirkungsvoll und schwer erkennbar, weil Lücken gerade diejenigen Stellen in Natur und Gesellschaft sind, an denen Zufall und Freiheit ihren Anfang nehmen.

Derartige voreilige Schlüsse werden noch gefördert und scheinen bestätigt zu werden durch die erlebnismäßige Gewißheit des Menschen, daß er sich in Wahlsituationen für eine der Verhaltensmöglichkeiten frei entscheiden könne. Dieses Freiheitsbewußtsein tritt dann besonders intensiv auf, wenn mehrere Verhaltensmöglichkeiten gleich stark motiviert sind, wie es etwa bei einem Schöffen der Fall sein mag, der sich nur schwer für einen bestimmten Stimmentscheid entschließen kann. Die tatsächliche Entscheidung erscheint dem Betreffenden dann meist als Ergebnis ureigenster Machtvollkommenheit, die als Entscheidung ebenso gut auch anders hätte ausfallen können.

Der Eindruck, frei wählen zu können, läßt aber nur bedingt Rückschlüsse auf die Beschaffenheit der objektiven Realität zu. Er entsteht

---

[43] Wolfgang *Metzger*, Psychologie, S. 15 o.

§ 2 Der absolute Zufall und die objektive und subjektive Freiheit

wahrscheinlich schon dadurch, daß man selber ebensowenig wie ein Durchschnittsbeobachter, der das Verhalten eines anderen betrachtet, alle Faktoren, die den Entschluß herbeiführen, überblicken kann. Es wäre jedoch unrichtig, das Freiheitsbewußtsein, weil es eine rein subjektiv bedingte Erscheinung ist, als bloßen Schein hinstellen zu wollen; denn es ist genauso tatsächlich vorhanden, wie jedes Gefühl. Nur darf man nicht in den Fehler verfallen, die dabei auftretenden inhaltlichen Vorstellungen von der Realität mit ihr selbst zu identifizieren.

Der hauptsächliche Grund, weshalb gar nicht erwartet werden kann, daß sich der Mensch während des Entscheidens dem Eindruck freien Handelns entziehen kann, liegt darin, daß er die Vorgänge von innen her erlebt. Hieraus ergeben sich folgende Aspekte: Im Augenblick der Entscheidung ist der Mensch „nach vorn" gerichtet. Da deshalb sein Bewußtsein Vergangenes nur zu Gegenwärtigem vereinigt, jedoch nicht überblickt, sieht er aus der Gegenwart heraus (erlebend) sich selbst als „erste Ursache" an. Betrachtet man aber nicht den Augenblick der Entscheidung, sondern einen größeren Zusammenhang während des Motivationsprozesses, wo sich der Mensch auch rückblickend orientiert, so kann ein sich selbst Beobachtender doch niemals das eigene Ichbewußtsein seiner Persönlichkeit als objektives Element der Wirklichkeit erkennen; denn er kann sich mit seinem Ich zum eigenen zeitlich fortlaufenden (tatsächlichen und nicht nur vorgestellten) Ich nicht in Beziehung setzen, keine Subjekt-Objekt-Relation herstellen. Er kann demnach nur wahrnehmen, was sich um den Ich-Punkt herumgruppiert, nicht ihn selbst. Der Ich-Punkt ist aber auch Bestandteil der objektiven Realität, worauf seine räumlich-zeitliche Gebundenheit hindeutet. Wird der Ich-Punkt nicht wahrgenommen, kann in solchen Situationen, in denen die Art der Persönlichkeit einen nicht ganz unerheblichen Anteil am Verlauf des Geschehens hat, keine Notwendigkeit im Geschehen gesehen werden, weil ein Teil der Realität von diesem Standpunkt offen bleibt, so daß es für den Menschen so aussieht, als handele er objektiv frei.

Nichts vermag diese theoretischen Überlegungen besser zu illustrieren, als einzelne Erscheinungen bei der Hypnose. Posthypnotische Aufträge werden von der hypnotisierten Person meist im Gefühl völlig freien Entschlusses ausgeführt. Hieraus wird besonders deutlich erkennbar, daß das Freiheitsgefühl uns in keiner Weise über Ursprung und über Determiniertheit oder Indeterminiertheit von Willensentschlüssen aufklären kann[44].

Eine andere vielleicht naheliegende Überlegung, daß zwischen Motivation einer Handlung und Verursachung insofern ein wesentlicher

---

[44] Hans *Winterstein*, Die physiologischen Grundlagen der Willensfreiheit und das Problem des Strafrechts, Studium generale Bd. 1, S. 329 (335).

Unterschied besteht, als eine Handlung trotz vollständiger Motivation noch nicht zu geschehen brauche, weil für die Ausführung der Handlung noch ein Entschluß hinzukommen müsse, während hinreichend vorhandene Ursachen unmittelbar eine Veränderung des Geschehens herbeiführen[45], beruht ebenfalls auf unvollständiger Berücksichtigung der einzelnen Faktoren. Abgesehen davon, daß auch jede „Ursache" durch entgegenwirkende Umstände außer Kraft gesetzt werden kann, ist die Persönlichkeit des einzelnen in letzter Linie nur zusätzliche, auslösende Ursache jeden Entschlusses, so daß Motive trotzdem wie Ursachen wirksam werden können, indem sie den Inhalt der Entscheidung mitbestimmen.

Auch der schöpferische Einfall, der sich durch keinerlei Anzeichen vorher ankündigt, kann nicht aus dem Nichts entstehen, wie es dem Betrachter erscheinen mag, sondern beruht auf besonders glücklichem Zusammentreffen vorhergehender Faktoren. Mit ihm tritt zwar etwas nie Gesehenes und Gehörtes, das vielleicht nicht einmal erahnt werden konnte, in die Welt. Das schließt aber nicht seine vollständige Determiniertheit aus. Der Verursachungszusammenhang des Weltalls wird am Ort der Schöpfung nie gesehener neuer Gestalten auch nicht für einen Augenblick aufgehoben[46].

Wenn man an die unendliche Zahl der möglichen Bedingungskonstellationen denkt, wird deutlich, daß die Möglichkeit geistiger Neuschöpfung, anstatt der Auffassung von durchgängiger Verursachung zu widersprechen, vielmehr zu ihren notwendigen Folgerungen gehört[47].

Daß die Ergebnisse der modernen Physik für die Begründung des Indeterminismus (etwa in dem Sinn, daß der menschliche Geist die offenen Stellen ausfüllt und von dort aus in freier Weise das körperliche Geschehen zu steuern vermag[48]) nichts hergeben, bedarf keiner näheren Erörterung mehr[49].

---

[45] Ernst *Gass*, Ursache, Grund und Bedingung im Rechtsgeschehen, S. 114.
[46] Wolfgang *Metzger*, Schöpferische Freiheit, S. 81.
[47] Vgl. Wolfgang *Metzger*, Psychologie, S. 246 u.; vgl. auch Max *Hartmann*, Die philosophischen Grundlagen der Naturwissenschaften, S. 110 u.
[48] Hellmuth *Mayer*, Strafrecht, Allgemeiner Teil, S. 230 m.
[49] Vgl. hierzu Max *Planck*, Determinismus oder Indeterminismus? S. 11, 14 ff.; Albert *Einstein*, Mein Weltbild, S. 7 u.; Hubert *Rohracher*, Einführung in die Psychologie, S. 515 f.; Philipp *Frank*, Das Kausalgesetz und seine Grenzen, S. 200 ff. (202 o.).
Der Biologe Max Hartmann bezeichnet den Versuch Jordans (Pascual *Jordan*, Die Physik und das Geheimnis des organischen Lebens), indeterministische physikalische Theorien ohne weiteres auf die Grundprobleme des Lebens zu übertragen, als unbeweisbare metaphysische Spekulation, die auf ungenügender Analyse der biologischen Befunde beruhe (Die Kausalität in der Biologie, Studium generale, Bd. 1, S. 350 [355 f.]). Gegen Jordan auch Grete *Henry-Hermann*, Die Kausalität in der Physik, Studium generale, Bd. 1, S. 375 (381 f.).

§ 2 Der absolute Zufall und die objektive und subjektive Freiheit

Wenn gleichwohl immer wieder versucht wird, die „Willensfreiheit" des Menschen zu beweisen, so geschieht dies nur aus gewissen Gefühlsregungen heraus[50]. Je besser es einem Philosophen gelingt, die „Willensfreiheit" zu „retten", für desto erhabener wird seine Lehre gehalten[51]. Dabei wird bewußt darauf verzichtet, „die wirkliche Welt zu erkennen, d. h. unsere Wahrnehmungen auf ein System logisch zusammenhängender Sätze abzubilden"[52], und stattdessen auf irrationalistische Deutungen der Wirklichkeit zurückgegriffen.

Die Determiniertheit seelischer Vorgänge kann in keiner Weise mit einem Mechanismus verglichen werden. Abgesehen davon, daß jeder einzelne kraft seiner Persönlichkeit beim Denken und Handeln immer etwas nie Dagewesenes und Unwiederholbares hervorbringen kann, kann auch die notwendige Verknüpfung selbst nicht etwa als rein mechanische Verbindung gedacht werden. Im mechanischen Geschehen erscheint die notwendige Aufeinanderfolge nur besonders anschaulich. Sie muß aber nicht ausschließlich dort stattfinden. Zutreffend hebt Max Ernst *Mayer* hervor, daß der Determinismus nichts mit irgendeiner materialistischen Weltanschauung gemein hat[53]. Denn der Determinismus sagt über die reale Beschaffenheit der wirkenden Faktoren nichts aus. Der eigentliche Vorgang der Verursachung ist auch im materiellen Geschehen überhaupt nicht wahrnehmbar[54], weil er nicht die Veränderung an den Dingen ist, sondern zwischen die Veränderungen der Dinge fällt.

Mangels Wahrnehmbarkeit des Verursachungszusammenhanges selbst und wegen der Schwierigkeiten, die bei der zwingenden Herleitung allgemeiner Prinzipien aus der Erfahrung bestehen, kann ein rein empirischer Nachweis durchgehender Notwendigkeit im sozialen Bereich ebensowenig erwartet werden wie im physikalischen Bereich. Aber ein Empirismus, der so streng verfährt, daß er deshalb den Determinismus in der Realität verwirft, würde sich selbst jeder sicheren Grundlage berauben. Denn die Zuverlässigkeit von Erfahrungsdaten kann nur dadurch hergestellt sein, daß unter bestimmten äußeren und inneren realen Bedingungen bestimmte Wahrnehmungen entstehen. Er könnte also seine Strenge nicht beibehalten, ohne den Determinismus wenigstens teilweise doch anzuerkennen, eine Inkonsequenz, die durch nichts gerechtfertigt werden kann.

---

[50] Vgl. Theodor *Geiger*, Vorstudien zu einer Soziologie des Rechts, S. 57 o.
[51] Vgl. Philipp *Frank*, Das Kausalgesetz und seine Grenzen, S. 148 f.
[52] Philipp *Frank*, a.a.O., S. 149 o.
[53] Max Ernst *Mayer*, Der allgemeine Teil des deutschen Strafrechts, S. 446. Vgl. das Vorwort von Friedrich *Nowakowski* zu Manfred *Danner*, Gibt es einen freien Willen?
[54] Johannes Erich *Heyde*, Entwertung der Kausalität? S. 43 m.; Nicolai *Hartmann*, Philosophie der Natur, S. 328 ff.

34 Gesetzmäßigkeiten im Gegenstandsbereich der Rechtssoziologie?

Daß tatsächlich eine feste Verknüpfung zwischen der realen Außenwelt und den menschlichen Vorstellungen bestehen muß, ergibt sich aus der „Umkehrbarkeit der Wahrnehmungen". Der Mensch kann seinerseits entsprechend seinen Vorstellungen auf die Dinge einwirken, und das Geschehen läuft dann so ab, wie er es erwartet, was am besten mit einer wechselseitigen Determiniertheit zu erklären ist. Dies ist ein aus der Erfahrung abgeleitetes Indiz dafür, daß auch sonst im menschlichen Bereich Determiniertheit herrscht. Die Annahme, daß ein Vorgang objektiv absolut zufällig oder frei ablaufen könnte, geht jedenfalls weiter über die Erfahrung hinaus, als die hier vertretene Auffassung. Noch niemals ist positiv festgestellt worden, daß irgendein Geschehen, sei es körperlicher sei es seelischer Art, in der objektiven Realität ohne notwendige Einwirkung vorhergehender Faktoren entstanden ist. Es steht aber andererseits fest, selbst wenn man strengste empirische Maßstäbe anlegt, daß in unzähligen Fällen immer wieder die Abhängigkeit vorangehender und vorbereitender Faktoren ans Licht getreten ist, wenn die Wissenschaft nur tief genug in die Einzelheiten der Entstehung auch scheinbar unverursachter Vorgänge einzudringen vermochte[55].

Somit vollzieht sich die Aufeinanderfolge des Geschehens in der gesellschaftlichen Wirklichkeit ebenso notwendig wie in der unbelebten Natur. Die völlige Verschiedenheit von materieller und geistiger Substanz bewirkt keine Verschiedenheit hinsichtlich der Geschlossenheit der Geschehensabläufe. Mag auch der Übergang von Vergangenem in Zukünftiges im gesellschaftlichen Bereich an (substanziell) andersartigen Faktoren stattfinden, so ist doch die Verkettung der einzelnen Faktoren, in der die Notwendigkeit auftritt, formal gleichartig. Bezeichnet man die physikalische Natur als Reich der Notwendigkeit, so muß daher bei Anlegung derselben Maßstäbe auch der gesellschaftliche Bereich als Reich der Notwendigkeit bezeichnet werden. Demnach unterliegen insbesondere auch rechtlich bedeutsame Sachverhalte des Soziallebens völliger Determiniertheit. Wegen der bereits angedeuteten Gemeinsamkeiten der Begriffsfelder von „determinieren" und „bestimmen" erscheint es auch zulässig, in diesem Zusammenhang statt von „Determiniertheit" von „Bestimmtheit" zu sprechen, was häufig geschieht. Dabei sind allerdings Mißverständnisse möglich, die auch auf den Begriff der Determiniertheit zurückwirken können. Es bedarf daher einer Abgrenzung und Präzisierung der aufgefundenen Ergebnisse.

---

[55] Max *Planck*, Kausalgesetz und Willensfreiheit, in Wege zur physikalischen Erkenntnis, S. 133 m.

c) Der Charakter der „Bestimmtheit" des Rechts im Verhältnis zur sozialen Wirklichkeit

Die hier vertretene Auffassung, wonach sowohl im physikalischen wie auch im gesellschaftlich-geschichtlichen Bereich völlige Determiniertheit durch vorhergehende Faktoren herrscht, so daß menschlichen Entscheidungen hervorragende Bedeutung zukommt, steht in krassem Widerspruch zu der Meinung, daß die Zukunft des einzelnen und der Gruppen durch Willensentscheidungen unbeeinflußbar bestimmt ist (Fatalismus)[56]. Beide Anschauungen werden leicht einander gleichgestellt oder als miteinander verwandt betrachtet, weil beide eine extreme Bestimmtheit zukünftigen Geschehens annehmen. Dabei wird aber die theoretische Zweiseitigkeit des notwendig Bestimmten übersehen.

Die Bestimmtheit eines Geschehens läßt sich nicht nur so auffassen, daß das Geschehen eine notwendige Wirkung von Vorhergehendem ist, d. h., Bestimmtheit läßt sich nicht nur als Verwurzelung in der Vergangenheit verstehen, sondern wird von manchen auch als unentrinnbare Schicksalhaftigkeit eines Zustandes angesehen, der von der Zukunft her die Vorgänge unvermeidbar auf sich zu lenkt; die Bestimmtheit beruht dann auf überirdischer Zielsetzung. Für Individualschicksale läßt sich diese Vorstellung von einem Fatum, dem die Menschen auf Gedeih und Verderb ausgeliefert sind, sehr anschaulich in griechischen Tragödien verfolgen. Dem einzelnen wird eine unbedingte Freiheit im Willen zugestanden; aber obwohl er sie auch einsetzen kann, treibt er trotz aller Bemühungen auf sein Schicksal zu, das sich rätselhaft und unerklärbar wie ein Wunder erfüllt. Daher bleibt es gleich, ob er sich gegen das Fatum aufzulehnen versucht oder nicht.

Läßt sich der Fatalismus auf Einzelschicksale bezogen noch verhältnismäßig leicht als Aberglauben entlarven, so erlangt er eine größere Glaubwürdigkeit, wenn er zur „Erklärung" der Entscheidungen und Entwicklungen sozialer Gruppen oder ganzer Nationen verwendet wird, weil hier besonders häufig keine verursachenden Faktoren im sozialen Geschehen mehr auffindbar sind. Es ist auch verführerisch, zur Interpretation von Rechtsentwicklungen auf Prinzipien wie Vernunft, Vorsehung und dergleichen zurückzugreifen, die außerhalb der raumzeitlichen Geschehnisse gedacht werden, weil ihnen mangels eindeutiger realer Bezogenheit beliebige Beschaffenheit und Wirkungsweise zuerkannt werden kann.

Hiernach wäre nun eine Soziologie des Rechts überflüssig oder gar unmöglich. Denn gesellschaftliche Entwicklungen ließen rechtliche Vor-

---

[56] Vgl. Georges *Gurvitch*, Déterminismes sociaux et liberté humaine, S. 21 ff.; Max Ernst *Mayer*, Der allgemeine Teil des deutschen Strafrechts, S. 446 u. f.

schriften unberührt, wenn das Recht metaphysischen Kräften unterläge, und umgekehrt könnten in der Gesellschaft schicksalhaft Erscheinungen auftauchen, ohne daß an eine Beeinflussung durch Rechtsregeln gedacht werden dürfte.

Für viele besitzt der mystische Gehalt, der dem Schicksalhaften innewohnt, eine größere Anziehungskraft als nüchterne wissenschaftlich nachprüfbare Tatsachen. Fatalistische Anschauungen scheinen sich auch immer wieder in der Erfahrung zu bestätigen, wenn die wirklichen Ursachen nicht ausreichend erkannt werden. So werden historische Ereignisse leicht nach den Prinzipien der Fatalität gedeutet, wenn eine von den beteiligten Personen nicht gewollte Entwicklung eingetreten ist, obwohl scheinbar die rechten Ursachen gesetzt wurden, um die Entwicklung aufzuhalten. Und andererseits wird die Vorstellung eines sich unbedingt durchsetzenden Schicksals genährt durch die immer wieder neu auftretenden Fälle, in denen ein Unheil für den Staat geahnt wird, das trotz größter Anstrengungen nicht mehr abgewendet werden kann.

Für ein derartiges Weltbild ist aber in der Wissenschaft kein Raum. Die Wissenschaft glaubt ebensowenig an metaphysische Verursachung wie an Wunder; sie nimmt vielmehr an, daß jede Erscheinung, wo und wann sie auch immer auftreten mag, durch anderes irdisches Dasein verursacht wird, auch wenn die Ursachen mit den gegebenen Mitteln nicht festgestellt werden können[57]. „Wir können es geradezu als die erste Aufgabe der wissenschaftlichen Betrachtung eines Geschehnisses bezeichnen, daß sie diejenigen Voraussetzungen aufsucht und einführt, die das Geschehnis vollständig determinieren[58]."

In Abkehr von dem Weltbild des Fatalismus kann der Leitsatz von der Gesellschaftlichkeit des Rechts nunmehr bekräftigt und unter erweitertem Gesichtswinkel akzentuiert werden. Die Gesellschaftlichkeit des Rechts bedeutet seinsmäßig betrachtet keinen nur losen Zusammenhang mit anderen gesellschaftlichen Erscheinungen. Sie kann nicht streng genug aufgefaßt werden als Verkettung mit der gesellschaftlichen Realität. Dabei äußert sich die Abhängigkeit des Rechts vom Verhalten der Individuen und Gruppen nur zum Teil darin, daß das Recht durch individuelle oder kollektive Entscheidungen bewußt gestaltet wird. Es muß immer auch damit gerechnet werden, daß Handlungen, die auf ein bestimmtes rechtliches oder außerrechtliches Ziel gerichtet sind, unbeabsichtigte Nebenwirkungen auf das Recht nach sich ziehen, die entweder nur in Kauf genommen werden oder sogar vermieden werden sollten. Es läßt sich kaum eine Kategorie räumlich-zeitlich wirksamer Faktoren denken, die prinzipiell niemals die rechtliche Entwicklung beeinflussen

---

[57] Vgl. Heinz *Haller*, Typus und Gesetz in der Nationalökonomie, S. 40 m.
[58] Max *Planck*, Determinismus oder Indeterminismus? S. 13 u.

könnte, einschließlich natürlicher Gegebenheiten aller Art, nicht nur gesellschaftlicher Gegebenheiten. Die lückenlose Beziehung zur das Recht umgebenden Realität ist demnach hinsichtlich der Beschaffenheit der Faktoren auch unbegrenzbar umfassend.

Dieses geschlossene und umfassende Verhältnis zur Wirklichkeit läßt keinen Platz mehr für eine Beeinflussung oder Beherrschung durch metaphysische, unerforschbare Kräfte, die unter Umgehung des Geschehenszusammenhangs einwirken.

Ein schließlicher Rechtszustand ist nicht in dem Sinne vorherbestimmt, daß es gleichgültig ist, welche Vorgänge vorausgegangen sind, oder daß sich die gesellschaftlichen Ereignisse etwa einem absoluten Vernunftprinzip anpassen, sondern er wird von der Vergangenheit her bestimmt durch eine Unmenge verschiedenster Geschehensreihen.

Bestimmtheit in diesem Sinne wird durch Ursachen erzeugt, die aber selber wieder durch andere Ursachen bestimmt werden. Sie geht also hindurch und wird damit gleichzeitig beeinflußt durch die verschiedenartigsten Wirklichkeiten, durch physikalische, chemische, biologische, psychologische, soziale[59]. Geht die Bestimmtheit durch menschliche Handlungen hindurch, so unterliegt sie meist einer außergewöhnlich starken Beeinflussung durch die Eigenschaften der betreffenden Persönlichkeiten. Individuen sind die herausragenden Kräfte der Bestimmtheit, nicht nur Werkzeuge, sondern bewußte Elemente. Solch eine Art der Bestimmtheit, die im Widerspruch zum Fatalismus steht, meint *Emge,* wenn er von der wechselseitigen Bestimmtheit alles Wirklichen[60] spricht. In seinem Bemühen um ein situationsverantwortliches Denken geht er davon aus, daß alles was „existiert", d. h. „aus anderem Wirklichen hervorgeht", durch die Realitäten als eine gleiche Realität hic et nunc bestimmt sei[61]. Daher müsse auch bei Behauptungen, die den Menschen angingen, die jeweilige historische Situation, die er als ein „Moment" mit ausmache und die die seinige sei, berücksichtigt werden, wenn etwas Belangvolles für das konkrete Individuum schlüssig sein solle[62].

Einen ähnlichen Ansatzpunkt wählt auch *Krawietz,* der eine Neuorientierung der Rechtstheorie anstrebt. Um die Erforderlichkeit einer dynamisch-funktionalen Analyse des Rechts zu zeigen, stellt Krawietz heraus, daß Rechtssätze und Rechtsbegriffe als den spezifischen Lebensumständen entsprechende Rechtsgestaltungen in gewisser Weise von den

---

[59] Vgl. Georges *Gurvitch,* Déterminismes sociaux et liberté humaine, S. 24 o.
[60] Carl August *Emge,* Über die Unentbehrlichkeit des Situationsbegriffs für die normativen Disziplinen, S. 229 u.
[61] Carl August *Emge,* a.a.O., S. 264 o.
[62] Carl August *Emge,* a.a.O., S. 223, 226 f., 233, 264.

konkreten sozialen Verhältnissen bestimmt sind und ihrerseits auf die soziale Wirklichkeit zurückwirken[63].

Die einseitige Betonung der normativen Seite des Rechts, des logischen Charakters der Rechtssätze und einer bloßen Hermeneutik der Begriffe führt zu willkürlichen Setzungen; mitzuberücksichtigen bleibt immer die gegenseitige Bedingtheit von Recht und sozialer Wirklichkeit[64]. Denn das Recht hat teil an jener fortlaufenden Bestimmtheit, die sich aus den verschiedenartigsten Ursachen zusammensetzt. Es ist nicht nur determiniert unter anderem durch menschliche Handlungen, sondern es wirkt auch selbst weiter und zurück und ist so nach allen nur denkbaren Richtungen mit der übrigen Realität verwoben. Das Recht im Sozialleben ist Wirkung, Ursache, Mittler zugleich.

Entsprechende Anmerkungen sind für die meisten Wissenschaften in dieser Breite entbehrlich und werden als selbstverständlich vorausgesetzt. In jenen Disziplinen aber, deren Gegenstand wie das Recht normativen Charakter besitzt, werden diese Tatsachen häufig bedenkenlos vernachlässigt. In den Rechtsdisziplinen führt es besonders leicht zu Fehleinschätzungen, wenn nicht im Auge behalten wird, daß das Recht selbst situationsbedingt ist und zur Situationsbedingtheit anderer Wirklichkeiten beiträgt, daß Zustand und Lage des wirklichen Menschen von wesentlicher Bedeutung sind für Aussagen, die den Anspruch erheben, Verbindliches für den Menschen zu enthalten.

3. Der subjektiv absolute Zufall und die subjektive Freiheit im Bereich der unbelebten Natur und im gesellschaftlichen Bereich

Die Bezeichnung subjektiv absoluter Zufall klingt im üblichen Sprachgebrauch zum Teil widersprüchlich. Es sei daher daran erinnert, daß „absolut" oder „relativ" im Zusammenhang mit der vorliegenden Erörterung des Zufalls definitionsgemäß keine Aussage über die Abhängigkeit der Existenz des Zufalls von einem erkennenden Subjekt enthalten sollen, sondern eine Aussage darüber enthalten sollen, in welcher Richtung die dem Zufall anliegenden Gegebenheiten berücksichtigt werden.

Während andererseits das Wort „objektiv" im Zusammenhang mit der Frage nach dem Vorhandensein von Zufall bzw. von Freiheit in der „Wirklichkeit an sich" verwendet wurde, ist „subjektiv" die Vorstellung des Menschen von der Wirklichkeit nach seinen Kenntnissen vom unmittelbar Gegebenen. Dieses Bild der Wirklichkeit ist immer nur ein Ausschnitt aus der ganzen Wirklichkeit. Subjektiv absoluter Zufall und

---

[63] Werner *Krawietz*, Das positive Recht und seine Funktion, S. 28 ff. (36).
[64] Vgl. Werner *Krawietz*, a.a.O., S. 36 m,

§ 2 Der absolute Zufall und die objektive und subjektive Freiheit   39

subjektive Freiheit sind Zufall bzw. Freiheit als (sinnlich wahrgenommene) Erscheinungen, wobei sie aber in der hier verwendeten Bedeutung nicht auf eine einzelne Person bezogen zu sein brauchen und insbesondere auch nicht etwa als Sinnestäuschungen aufzufassen sind; denn auch vom wissenschaftlichen Standpunkt aus betrachtet ist die Erkenntnis der Wirklichkeit insofern beeinträchtigt, als sie zwangsläufig immer mit der Unzulänglichkeit menschlicher Erfahrung behaftet ist.

a) Die Erscheinung des subjektiv absoluten Zufalls

Selbst bei einer nach dem Forschungsstand bestmöglichen Information ist es einem Wissenschaftler häufig nicht möglich, die entscheidenden verursachenden Fakten und Naturgesetze, auf denen ein bestimmtes Geschehen beruht, aufzufinden, so daß aus der Sicht der menschlichen Erkenntnis an einigen Punkten der Realität absoluter Zufall auftritt; nach den vorhandenen Erkenntnissen über die realen Umstände hätte das betreffende Ereignis unter denselben (bekannten) Umständen auch gar nicht oder anders eintreten können, das heißt, daß Vorhersagen in derartigen Fällen nicht möglich sind. Die konkreten Geschehensabläufe können bestenfalls als wahrscheinlich angesehen werden.

Ein typisches Beispiel für den subjektiven absoluten Zufall ist das Glücksspiel. Die kausalen Faktoren, die für den Ablauf des Geschehens entscheidend sind, können nicht überblickt werden, so daß keine Vorhersage über den Ausgang des Spiels im einzelnen getroffen werden kann. Selbst bei theoretischer Kenntnis aller in Betracht kommenden Naturgesetze wäre doch die Anwendung der Gesetze mangels ausreichender Kenntnis der im konkreten Fall herrschenden Bedingungen nicht möglich. Beim Würfeln beispielsweise ist das Schütteln des Würfelbechers so unbestimmbar, daß nicht vorausgesagt werden kann, welche Seite des Würfels jeweils oben liegen wird. Ebenso ist das Roulettespiel ganz auf Zufall angelegt.

Falls der subjektiv absolute Zufall nicht künstlich herbeigeführt und aufrechterhalten wird wie bei den Glücksspielen, wird er meistens durch eine genauere Betrachtungsweise zum Verschwinden gebracht, da er nicht in den Dingen selbst liegt. Die Erscheinung des absoluten Zufalls löst sich auf, wenn zunächst unbekannte Erscheinungen als notwendig bedingende Ursachen entdeckt und in die Betrachtung miteinbezogen werden. Wenn davon gesprochen wird, daß Bismarck „zufällig" als Kind hätte sterben können, so ist damit nicht gemeint, daß im Falle seines Todes keine hinreichende Ursache vorhanden gewesen wäre, sondern nur, daß ihm wie jedem Menschen von unvorhergesehener Seite etwas hätte zustoßen können. Ebensowenig ist die Notwendigkeit des Geschehens dort in Frage gestellt, wo die Gestaltung eines Gesetzesinhalts von

Faktoren abhängig ist, die nach menschlichem Ermessen nach dem gesamten Geschehenszusammenhang auch ganz anders oder überhaupt nicht hätten eintreten können, wenn auch derartige Faktoren (wie Mißverständnisse oder Übersetzungsfehler bei einer Rezeption) ex ante wissenschaftlich nicht erfaßbar sind.

Zivilrechtlich ist der Begriff des „Zufalls" die Kehrseite von Vorsatz und Fahrlässigkeit. Daher kommt er ebenfalls schon bei fehlender Erkennbarkeit kausaler Umstände ex ante in Betracht. Durch diese Terminologie wird somit nicht behauptet, daß ein Schaden oder ein schadenstiftendes Ereignis tatsächlich ursachlos eintreten könne. Rückblickend werden in der überwiegenden Anzahl von Fällen die Ursachen erkennbar werden, die das Geschehen notwendig erscheinen lassen. Im Sprachgebrauch des täglichen Lebens hat es sich daher eingebürgert, daß z. B. für Unglücksfälle, bei denen erwartet wird, daß nachträglich eine oder mehrere entscheidende Ursachen festgestellt werden können, von vornherein gar nicht mehr von „Zufall", sondern von „ungeklärter Ursache" gesprochen wird.

Man kann sagen, daß alle Fälle des subjektiv absoluten Zufalls auf „latenter Determination" beruhen. Selbst bei den Glücksspielen, deren Ergebnisse einen sehr stark ausgeprägten Zufallscharakter besitzen, kann nicht bestritten werden, daß der Weg des Würfels oder der Roulettekugel streng kausal determiniert ist. Es wird nur nicht offenbar, daß die Ergebnisse jeweils durch bedingende Faktoren notwendig gemacht werden. Der Ablauf des Geschehens ist latentdeterminiert, das heißt aber, daß er indeterminiert erscheint. Nur wenn restlos alle in einem bestimmten Geschehen wirksamen Erscheinungen bekannt wären, was der menschlichen Erkenntnis niemals möglich ist, könnten die Vorgänge determiniert erscheinen.

Ähnlich verhält es sich mit gewissen Vorgängen im mikrophysikalischen Bereich. Sind Ursachen für Lage oder Richtung einzelner Partikel nicht erkennbar, so können dementsprechend auch keine bestimmten Vorhersagen über sie getroffen werden. An dem Satz: „Wenn wir die Gegenwart genau kennen, können wir die Zukunft berechnen", ist nicht der Nachsatz, sondern die Voraussetzung falsch[65]. Wir können die Gegenwart in allen ihren Bestimmungsstücken prinzipiell nicht erkennen. Alles Wahrnehmen ist eine Auswahl aus einer Fülle von Möglichkeiten. Der statistische Charakter der Quantentheorie hängt auf das engste mit der Ungenauigkeit der Wahrnehmung zusammen[66].

---

[65] Vgl. Werner *Heisenberg*, Über den anschaulichen Inhalt der quantentheoretischen Kinematik und Mechanik, Zeitschrift für Physik, Bd. 43, S. 172 (197 m.).

[66] Werner *Heisenberg*, a.a.O., S. 197 u.

§ 2 Der absolute Zufall und die objektive und subjektive Freiheit

Mangelnde Vorhersagbarkeit ist eine Folge sowohl des subjektiv wie auch des objektiv absoluten Zufalls. Daher kommt es, wenn in beiden Fällen von Zufall schlechthin gesprochen wird, leicht zu begrifflichen Verwechslungen, die noch dadurch gefördert werden, daß, wie bereits dargelegt wurde, sowohl die Bedeutung „erkenntnismäßiges Feststellen" wie auch die Bedeutung „ursächliches Bedingen" in einem und demselben Wort „Bestimmen" (= „Determinieren") enthalten ist.

Im Bereich des objektiv absoluten Zufalls könnten, falls es ihn gäbe, keine Voraussagen durchgeführt werden, weil dort unter denselben realen Bedingungen jeweils verschiedene Alternativen des Geschehensablaufes möglich wären; nur derjenige Vorgang kann vorhergesagt werden, der durch Vorhergehendes notwendig gemacht wird. Wenn nun aber umgekehrt festgestellt wird, daß ein Geschehnis nicht vorausberechenbar ist, so ist damit nicht zugleich objektiv absoluter Zufall gegeben[67].

Dem scheint die viel zitierte und interpretierte Äußerung von Max *Planck* zu widersprechen: „Ein Ereignis ist dann kausal bedingt, wenn es mit Sicherheit vorausgesagt werden kann"[68]. Dieser Satz klingt so und wird auch meistens so verstanden, als sei die Möglichkeit sicherer Vorhersage unerläßliche Voraussetzung für das Vorhandensein kausaler Bedingtheit, als hinge die Kausalität von der Voraussagbarkeit ab[69]. Es müßte aber sogleich auffallen, daß eine derartige Aussage, woraus der Indeterminismus letztlich seine Gewißheit herleitet, der Planckschen Weltanschauung völlig fremd ist. Das Verhängnisvolle in dem zitierten Satz besteht nun darin, daß er im Text wegen eines veränderten Schriftbildes sofort ins Auge fällt, so daß auf den größeren Zusammenhang nicht mehr acht gegeben wird, weil der Satz wie eine in sich abgeschlossene These aussieht. Selbst *Heyde*, der den Satz nach verschiedenen Richtungen hin untersucht und ablehnt, verfällt in den Fehler, daß er ihn isoliert betrachtet[70]. *Planck* bezeichnet aber seine Äußerung im weiteren Verlauf seiner Arbeit als lediglich provisorischen Ausgangspunkt, und vor allem sagt er wenig später unmißverständlich[71], daß die Möglichkeit, eine zutreffende Voraussage für die Zukunft zu machen, nicht etwa

---

[67] Vgl. Johannes Erich *Heyde*, Entwertung der Kausalität? S. 53 u. ff.
[68] Max *Planck*, Die Kausalität in der Natur, in Wege zur physikalischen Erkenntnis, S. 225 m.
[69] So ist die ähnliche Äußerung von Moritz *Schlick* zu verstehen, das wesentliche Merkmal der Kausalität sei das Eintreffen von Voraussagen, da er weiter unten sagt, daß die Voraussage sowohl hinreichendes als auch notwendiges Merkmal sei (Die Kausalität in der gegenwärtigen Physik, Die Naturwissenschaften, Jg. 31, S. 145 (150)).
[70] Johannes Erich *Heyde*, Entwertung der Kausalität? S. 159 u. f.
[71] Max *Planck*, Die Kausalität in der Natur, in Wege zur physikalischen Erkenntnis, S. 225 u.

mit dem Vorhandensein des Kausalzusammenhanges identisch sei. Es solle mit dem Ausgangssatz nur gesagt sein, daß die Möglichkeit der Vorhersage ein untrügliches Kriterium für das Walten des Kausalzusammenhanges sei. Trotz Unzuverlässigkeit der Wetterprognosen gäbe es doch keinen Meteorologen, der nicht die Vorgänge in der Atmosphäre als kausal determiniert betrachte. Durch diese Erläuterungen wird deutlich, daß der fragliche Satz nur unglücklich formuliert ist und nicht so aufgefaßt werden darf, wie er für sich genommen meistens verstanden wird.

Unvorhersagbarkeit eignet sich überhaupt nicht als Klassifizierungsmerkmal des Zufalls; sie kann rein logisch auf anderen Gründen beruhen als auf objektiv absolutem Zufall, und sie beruht auch tatsächlich immer auf anderen Gründen, weil der objektiv absolute Zufall real nirgends vorkommt.

b) *Die Erscheinung der subjektiven Freiheit*

Ebensowenig wie der subjektiv absolute Zufall schließt auch die subjektive Freiheit Notwendigkeit aus. Im Falle der subjektiven Freiheit sind erkenntnismäßig mehrere Möglichkeiten des Wollens, Entscheidens, Handelns vorhanden. Von außen her betrachtet, tritt sie dort auf, wo nicht alle entscheidenden Faktoren des psychischen Geschehensverlaufs überschaubar sind, so daß keine genauen Vorhersagen getroffen werden können, obwohl sich das allgemeine Blickfeld des Erkennenden über das Gesamtgebiet der möglicherweise einwirkenden Realität erstreckt.

Auch der Betreffende selbst vermag in Wahlsituationen nicht sämtliche inneren und äußeren Faktoren zu überschauen; es kommt bei ihm vor allem noch der Umstand hinzu, daß die Wahrnehmung der eigenen Persönlichkeit sich nur auf Vergangenes erstrecken kann, dagegen nicht auf die in der Wahrnehmung selbst liegende Realität, was für ein vollständiges Bild von der gesamten Sachlage erforderlich wäre. Daher bleibt aus dieser Perspektive die subjektive Freiheit in denjenigen Wahlsituationen, in denen in letzter Linie die aktuelle seelische Disposition von wesentlicher Bedeutung ist, im Moment der Entscheidung immer vorhanden. Die subjektive Freiheit erscheint jedoch desto mehr eingeengt, je stärker sie von gut sichtbaren Faktoren abhängig ist. Wird etwa das Verhalten eines Menschen durch wenige naheliegende, aber sehr wirksame innere und äußere Faktoren beherrscht, so wird die subjektive Freiheit weitgehend aufgehoben, weil die konkrete persönliche Stellungnahme in letzter Linie kaum mehr entscheidend ist.

Von außen her und insbesondere vom wissenschaftlichen Standpunkt aus betrachtet, kann theoretisch die subjektive Freiheit auch in der Hinsicht fortfallen, wo sie für den einzelnen von innen her gesehen immer vorhanden bleibt; wenn man die eventuell vorgenommene Selbstbeobachtung in die Betrachtung mit einschließt oder beispielsweise Umstände auffinden kann, die dem Betreffenden gar nicht bewußt werden konnten, so kann hinter der subjektiven Freiheit zunehmend Notwendigkeit entdeckt werden. Die strukturmäßige Ähnlichkeit der subjektiven Freiheit mit der Zufälligkeit, die für Glücksspiele typisch ist, mag zu Bedenken gegenüber dieser Anschauung Anlaß geben. Es darf aber nicht vergessen werden, daß der Zufallscharakter der Glücksspielergebnisse künstlich herbeigeführt ist. Diese Spiele sind so angelegt, daß unzählige Kausalketten, die alle für das einzelne Ergebnis von entscheidender Bedeutung sind, mit gleicher Intensität durcheinanderlaufen. Psychische und soziale Sachverhalte stellen dagegen keine so nebulösen Gebilde dar, daß nicht doch nach und nach einige Faktoren als für den Geschehensablauf wesentliche hervortreten.

Demnach ist die Feststellung, daß sich Menschen in vielen Situationen anders verhalten können, als von ihnen zu erwarten war, weder für die Psychologie noch für die Sozialwissenschaften schon ein Grund, die Suche nach Ursachen für ein bestimmtes Verhalten aufzugeben. Vielmehr muß diese Feststellung als Aufforderung zu noch umfassenderer und genauerer Beobachtung verstanden werden, mit dem Ziel, die versteckten Ursachen so weit wie möglich aufzudecken.

§ 3 Der relative Zufall und die individuelle Freiheit

Wenn im Sprachgebrauch des täglichen Lebens von „Zufall" oder „Freiheit" die Rede ist, so ist damit meistens die Art und Weise der Abhängigkeit einer Tatsache von einer anderen gemeint; es wird nicht an die Art und Weise des Eintreffens nur einer Tatsache, sondern an eine etwa bestehende Verknüpfung zwischen zwei Tatsachen gedacht. Diese Form des Zufalls und der Freiheit kann „relativer Zufall" bzw. „individuelle Freiheit" genannt werden.

Der Einfachheit halber kann hier auf eine Differenzierung objektiv-subjektiv verzichtet werden, weil sich daraus keine zusätzlichen wesentlichen Gesichtspunkte ergeben würden. Der mangelnde ursächliche Zusammenhang zwischen den Sachverhalten wird subjektiv kaum anders erfaßt, als er objektiv sein könnte.

1. Der relative Zufall

Beim relativen Zufall weisen zwei Ereignisse, obwohl sie in Raum und Zeit zusammentreffen, keinerlei feste kausale Verbindung im Verhältnis zueinander auf. Es kann nicht bestritten werden, daß solche relativen Zufälligkeiten tatsächlich in der Realität vorkommen. Ein häufiger Fall ist der, daß sich zwei Personen unbeabsichtigt auf der Straße begegnen. Durch die „Laune des Zufalls" treffen Vorgänge zusammen, von denen keiner den anderen bewirkt hat, die sich also auf getrennten Geschehensreihen befinden[1].

Man kann sogar sagen, daß zwei absolut gleichzeitige Geschehenspunkte im Verhältnis zueinander niemals in ursächlichem Zusammenhang stehen können, weil die Vermittlung der Verursachung an die Dimension der Zeit gebunden ist.

Subjektiv absoluter und relativer Zufall können in der Realität oft nur schwer voneinander getrennt werden. Sehe ich „zufällig", wie der Blitz in ein Wohnhaus einschlägt, so mag das Einschlagen des Blitzes subjektiv absoluter Zufall sein; daß ich aber im entscheidenden Moment in die betreffende Richtung gesehen habe, ist relativer Zufall.

Manchmal treten subjektiv absoluter und relativer Zufall so kongruent auf, daß die Rede vom Zufall mehrere Deutungen zuläßt und dann zweifelhaft wird, ob Unkenntnis der für den Vorgang notwendigen Bedingungen oder mangelnde Verknüpfung mit einem bestimmten anderen Geschehen gemeint ist. Wenn ich sage, ich hätte „durch Zufall" im Zahlenlotto gewonnen, so meine ich subjektiv absoluten Zufall, falls ich daran denke, wie das Ergebnis der Ausspielung zustande gekommen ist oder wie ich die angekreuzten Zahlen ausgewählt habe (es kann hier also sogar in doppelter Hinsicht subjektiv absoluter Zufall gemeint sein). Mein Gewinn beruht aber auch auf relativem Zufall, nämlich insofern, als es gerade meine angekreuzten Zahlen waren, die auch bei der Lottoziehung ausgelost wurden.

Trotz des beim relativen Zufall objektiv vorhandenen Mangels des ursächlichen Zusammenhangs zweier Tatsachen untereinander ist aber niemals die Notwendigkeit der betreffenden Ereignisse in Frage gestellt[2]. Denn das Auftreten von relativem Zufall schließt ja nicht aus, daß jedes einzelne Ereignis auf Vorausgehendes gegründet ist und insofern auf durchgängiger Notwendigkeit beruht. Obwohl die Ereignisse im direkten Verhältnis zueinander keine kausale Verknüpfung aufweisen, kann man doch wenigstens durch Überlegung feststellen, daß sie, wenn man die Geschehensreihen nur weit genug zurückverfolgen könnte, letztlich auf einer gemeinsamen Ursache beruhen[3], so daß nicht nur jeder einzelne Sachverhalt für sich allein, sondern auch die Tatsache des

---

[1] Vgl. Johannes Erich *Heyde*, Entwertung der Kausalität? S. 140 m.
[2] Vgl. Wilhelm *Windelband*, Die Lehren vom Zufall, S. 52 f.; Johannes Erich *Heyde*, Entwertung der Kausalität? S. 140 u.
[3] Vgl. Wilhelm *Windelband*, a.a.O., S. 53.

§ 3 Der relative Zufall und die individuelle Freiheit

Zusammentreffens mehrerer Sachverhalte von der Vergangenheit her mit Notwendigkeit herbeigeführt ist.

2. Die individuelle Freiheit

Im Unterschied zur subjektiven Freiheit, aber entsprechend dem relativen Zufall bezieht sich die individuelle Freiheit nur auf das Verhältnis zweier von vornherein gegenständlich begrenzter Geschehenskomplexe. Die Blickrichtung beschränkt sich auf die Beeinflussung durch äußere Faktoren, und die Frage nach der Freiheit wird danach beantwortet, inwieweit die Umwelt Entscheidungen und Verhalten des einzelnen bestimmt. Auf der einen Seite werden einzelne persönliche Funktionen des Menschen herausgegriffen, und ihre Freiheit oder Unfreiheit wird nach der Unabhängigkeit oder Abhängigkeit von Faktoren der Umgebung auf der anderen Seite beurteilt.

Wollen, Entscheiden, Handeln des Menschen werden durch die besondere Art der Persönlichkeit des einzelnen getragen. Der Mensch kann meistens diejenige Möglichkeit verwirklichen, die gerade seinem besonderen Charakter entspricht. Richten sich die individuellen Funktionen vollständig nach dem inneren Zustand des einzelnen, so sind sie frei. Die individuelle Freiheit ist aber von vornherein keine totale. Die Tragweite persönlicher Phantasie, Fähigkeiten usw., die dem Wollen, Entscheiden, Handeln zugrunde liegen, ist begrenzt. Insbesondere beim Handeln wird erkennbar, daß es sich nur im Rahmen der psychophysischen Möglichkeiten[4] entfalten kann, die sowohl in den allgemeinen Grenzen eines jeden Menschen, wie auch in den besonderen Eigenschaften des einzelnen bestehen; kein Mensch erreicht heute im Weitsprung eine Weite von zehn Metern; nur wenige springen mehr als sieben Meter weit.

a) Die potentielle individuelle Freiheit

Wenn auf den einzelnen bei der Ausführung einer Handlung keinerlei oder nur geringfügig beeinflussende Faktoren der Umwelt wie Drohung, Zwang und dergleichen einwirken, so besteht für die betreffende Handlung ein Handlungsspielraum. Die Umgebung bleibt neutral; sie enthält keine Faktoren, die geeignet sind, die Handlung in eine bestimmte Richtung zu leiten oder den einzelnen von jener Handlung abzuhalten, die individuell möglich wäre (potentielle individuelle Freiheit).

Um diese Form der Freiheit geht es bei der Gewährung von Grundrechten durch den Staat. Die Grundrechte sollen eine gesellschaftliche Freiheitssphäre verbürgen, die jenseits staatlicher und auch gesellschaftlicher Einwirkungsmöglichkeit steht. Durch das Instrument

---
[4] Wilhelm *Windelband* spricht in ähnlichem Zusammenhang von „psychophysischem Mechanismus" (Über Willensfreiheit, S. 25).

„Recht", das für die Regulierung des sozialen Ordnungsgefüges einer konkreten menschlichen Gruppe zur Verfügung steht, wird den Gruppenmitgliedern einerseits die Möglichkeit der freien Entfaltung ihrer Persönlichkeit garantiert, andererseits werden aber hinsichtlich bestimmter Verhaltensweisen Beschränkungen der potentiellen individuellen Freiheit festgelegt[5]. *Krawietz* spricht in diesem Zusammenhang von der sozialen Funktion des Gesetzes, die darin bestehe, daß die jeweiligen Normadressaten zu einem zielkonformen Verhalten veranlaßt werden[6]. Durch Rechtsnormen können Einschränkungen des möglichen Geschehens bewirkt, Spielräume fixiert werden, innerhalb deren sich das tatsächliche Verhalten der einzelnen abspielt[7].

b) Die virtuelle individuelle Freiheit

Die potentielle individuelle Freiheit des Handelns ist also insoweit aufgehoben, als eine Handlung behindert wird durch Gewalt, Drohung oder dergleichen; sie ist aber auch insoweit aufgehoben, als die Wahlmöglichkeit z. B. dadurch eingeschränkt wird, daß in einem bestimmten Restaurant, das ich aufsuchen möchte, alle oder einige Sitzplätze besetzt sind oder daß dort nur eine begrenzte Auswahl an Gerichten angeboten wird. Diese letzte Art der Freiheitsbeschränkung in der Regel ausgenommen, besteht doch in vielen Fällen, wo der Handlungsspielraum in der Weise beschränkt ist, daß von Unfreiheit gesprochen wird, gleichwohl die Möglichkeit, daß der einzelne sich über die äußeren Faktoren hinwegsetzt, sich von ihnen „frei macht". Trotz widriger äußerer Umstände handelt er der besonderen Art seiner Persönlichkeit gemäß. Hier tritt eine individuelle Freiheit zutage, die über die potentielle individuelle Freiheit hinausreicht (virtuelle individuelle Freiheit). Die individuelle Freiheit, die darin besteht, daß der einzelne sich unabhängig von seiner Umwelt (persönlichkeitsgemäß) verhält, braucht also nicht darauf zu beruhen, daß überhaupt keine oder für das Individuum nur unbedeutende äußere Faktoren vorhanden sind, die auf sein Verhalten einwirken und geeignet sind, es in eine bestimmte Richtung zu lenken, braucht also nicht von der Abwesenheit bzw. Geringfügigkeit von Drohung, Zwang oder dergleichen begleitet zu sein. Sie kann vielmehr auch darauf beruhen, daß es zwar äußere Faktoren gibt, die auf das Individuum einwirken, daß aber hierdurch keine vollständige Determination des Verhaltens hergestellt wird. Der Mensch ist teilweise befähigt, sich gegenüber äußeren Umständen absichtlich mehr oder weniger anders zu

---

[5] Vgl. Ernst E. *Hirsch*, Das Recht im sozialen Ordnungsgefüge, S. 28 u.
[6] Werner *Krawietz*, Das positive Recht und seine Funktion, S. 66 f., 71.
[7] Vgl. Werner *Krawietz*, a.a.O., S. 66 u. f., Carlo *Schmid*, Grenzen rechtlicher Regelung innerhalb der modernen Gesellschaft, Universitas, 14. Jg., S. 1234.

verhalten, als der Zusammenhang des Gesellschaftslebens es erwarten ließe.

Wo der Mensch diese virtuelle individuelle Freiheit einsetzt, obwohl er keine potentielle individuelle Freiheit besitzt, kommt es sehr häufig zu Konflikten; im sozialen Leben wird dann regelmäßig eine Reaktion seitens der Umgebung ausgelöst.

Diese knappen Andeutungen zeigen bereits, daß die Freiheitsproblematik wissenschaftstheoretisch desto geringere prinzipielle Einwendungen gegen eine Ursachenforschung enthält, je größer die praktische Bedeutung der zu untersuchenden Form der Freiheit wird. An wahrhaft ursachloses Geschehen ist bei der virtuellen individuellen Freiheit am allerwenigsten zu denken, vielmehr ist es der individuelle Charakter des einzelnen, der die entscheidende Ursache für den Ablauf des Geschehens darstellt. Der Wille des Menschen ist ein zusätzlich determinierendes Moment, wenn er den ihn beeinflussenden Kausalfaktoren die eigene Stellungnahme hinzufügt[8].

Individuelle Freiheit ist begrifflich von subjektiver Freiheit scharf zu unterscheiden. Es kommt aber manchmal nicht klar zum Ausdruck, welche dieser beiden Arten von Freiheit im Sprachgebrauch des täglichen Lebens gemeint ist. Beide Arten von Freiheit treten ähnlich wie subjektiv absoluter Zufall und relativer Zufall häufig gemeinsam auf. Dann ist entscheidend, ob daran gedacht ist, daß allgemein keine hinreichenden Ursachen für das Verhalten angegeben werden können, oder daran, daß die Umwelt keine determinierende Wirkung auf das Verhalten des Menschen ausübt. Wenn auch beiderlei Freiheitsformen im selben Punkte in Erscheinung treten können, so muß man sich doch vor Augen halten, daß sie in miteinander unvereinbarer Hinsicht bestehen, so daß begriffliche Vermengungen unweigerlich zu Fehlschlüssen führen. Bei der subjektiven Freiheit steht immer die Tatsache im Hintergrund, daß Handlungen, die in diesem Sinn als frei angesehen werden, gleichwohl objektiv mit Notwendigkeit geschehen. Demgegenüber geht der Gesichtswinkel bei der individuellen Freiheit von vornherein an der notwendigen Bedingtheit des Verhaltens vorbei, so daß auch objektiv in gewisser Hinsicht eine fehlende Determination festgestellt werden kann, was der individuellen Freiheit eine unumstößliche Beständigkeit verleiht.

§ 4 Das allgemeine Verhältnis von Zufall und Freiheit zur Notwendigkeit

Wenn die unbelebte Natur als Reich der Notwendigkeit bezeichnet wird, so müßte man, wie wir gesehen haben, aus einer vergleichbaren

---
[8] Vgl. Nicolai *Hartmann*, Teleologisches Denken, S. 121 o.

Perspektive betrachtet, auch den gesellschaftlichen Bereich als Reich der Notwendigkeit ansehen. Wählt man aber eine andere Perspektive zur Betrachtung von Natur und Gesellschaft, so wird das Vorhandensein von Notwendigkeit in beiden Bereichen verdeckt und „Zufall" bzw. „Freiheit" offenbar. Wer die Gesellschaft als Reich des Zufalls und der Freiheit bezeichnen will, muß folgerichtig das Auftreten von Zufall in der ganzen Natur für möglich halten. In bezug auf Verursachung sind beide Bereiche parallel strukturiert. Es tritt auf der ganzen Linie eine formale Gleichartigkeit der Geschehensabläufe zutage. Verschiedenheiten erstrecken sich nur auf die Substanz und auf die Häufigkeit des Zufalls. Wer dennoch nur im sozialen Bereich Zufälligkeiten sieht und den Zufall in der unbelebten Natur ausschließt, geht von jeweils unterschiedlichen Begriffen des Zufalls aus.

Von der unbestreitbaren Tatsache, daß der Mensch irgendwie einen Spielraum der Freiheit besitzt, wird leicht allzu bedenkenlos auf ein Fehlen der Notwendigkeit geschlossen und daraus der Indeterminismus abgeleitet. Vielfach wird sogar richtig gesehen, daß die individuelle Freiheit nicht schon Notwendigkeit ausschließen kann, aber man glaubt dann fälschlich, daß man sich auf die Ebene der Notwendigkeit begibt, wenn man „den" anderen Freiheitsbegriff (nämlich den subjektiven) zugrunde legt[1]. Daß auch das Vorhandensein von subjektiver Freiheit der Notwendigkeit nicht zuwiderläuft, wird dann übersehen. Besonders wenn man die subjektive Freiheit begrifflich mit der individuellen vermengt (was leicht geschehen kann, weil beide häufig gemeinsam auftreten), so daß die subjektive Freiheit ein objektives Element erhält, erliegt man leicht dem Trugschluß, man habe objektive Freiheit nachgewiesen.

Obwohl in der Wirklichkeit verschiedentlich Zufall und Freiheit auftreten, besteht doch an denselben Punkten, aber in anderer Beziehung bei allen Formen dieser Erscheinungen durchgehend Notwendigkeit, falls man jeweils die Wirklichkeit der gesamten Vergangenheit in Betracht zieht[2].

Die Annahme eines Determinismus schließt nicht aus, daß dennoch zugleich auch Willensfreiheit, Entscheidungsfreiheit oder Handlungsfreiheit vorhanden sein können.

Eine Einteilung der Freiheit nach sachlichen Gesichtspunkten (Wollen, Entscheiden, Handeln) entsprechend der üblichen Terminologie hat sich als unzureichend erwiesen. Wenn gesagt wird, es gäbe zwar keine Freiheit des Willens, aber eine Freiheit des Handelns, so ist diese Ausdrucksweise nicht nur unklar, sondern führt auch zu Mißverständnissen. Denn

---
[1] So etwa Aloys *Wenzl*, Philosophie der Freiheit, S. 2, 6 ff.
[2] Vgl. Philipp *Frank*, Das Kausalgesetz und seine Grenzen, S. 151 m.

im ersten Fall ist der Begriff der Freiheit ein anderer als im zweiten. Wird die Willensfreiheit verneint, so ist damit die objektive Freiheit im Willen gemeint. Im gleichen Sinne müßte man dann aber auch die Handlungsfreiheit als nicht bestehend ansehen. Objektiv ist weder das Denken und der Wille noch das Handeln des Menschen frei. Wenn man andererseits die generelle Möglichkeit der Handlungsfreiheit bejaht, so müßte vom selben Standpunkt aus auch mit der generellen Möglichkeit gerechnet werden, daß der Wille frei ist, nämlich subjektiv oder individuell frei. (Individuelle Unfreiheit des Willens kommt aber z. B. dann in Betracht, wenn der Wille durch Hypnose oder Drogen beeinflußt wird.)

Soziales Geschehen ist trotz aller Anzeichen, nicht so ungebunden gefügt, daß Gesetzmäßigkeiten aus diesem Grunde ausgeschlossen sind. Insoweit als Zufall oder Freiheit existieren, treffen sie nicht auf den Kern etwaiger Gesetzmäßigkeit. Dies wäre von den bisherigen Gesichtspunkten aus nur bei fehlender Notwendigkeit in Betracht gekommen.

Wie in der übrigen Natur ist das Auftauchen von Zufall und Freiheit auch im menschlichen Bereich niemals Grenze für die Wissenschaft, sondern meistens Wegweiser.

§ 5 Die Wandelbarkeit des Rechtsinhalts

Mit den untersuchten Arten von Zufall und Freiheit sind nur diejenigen Fälle erfaßt, in denen es an einer Verursachung fehlt. Eine derartige Beschränkung ergab sich aus der Problemstellung, und es sind auch die wichtigsten Fälle berücksichtigt, bei denen von Zufall bzw. von Freiheit gesprochen wird.

Den Bemerkungen von *Moór*, der Rechtsinhalt sei immer zufällig[1], liegt ein Zufallsbegriff zugrunde, der aus dem Rahmen der bisherigen Erörterungen herausfällt. Moór sagt, daß jeder beliebige Norminhalt fehlen oder wegfallen kann[2]. Es lag ihm jedoch fern, mit diesen Äußerungen einen Sachverhalt zu umreißen, der als Einwand gegen die Möglichkeit der Erklärung des Rechtsinhalts verwendet werden kann[3]; im Gegenteil: Moór betont nur die Veränderbarkeit des Rechtsinhalts, um den Gegensatz zur rein normativen Auffassung des Rechts und zum unwandelbaren, zeitlosen Naturrecht herauszustellen. Der Ursachenzusammenhang wird damit in keiner Hinsicht geleugnet.

---

[1] Julius *Moór*, Reine Rechtslehre, Naturrecht und Rechtspositivismus, in Gesellschaft, Staat und Recht, S. 63 m., 66 m., 91 m.
[2] Julius *Moór*, a.a.O., S. 63 m.
[3] Liest man bei Barna *Horváth*, Rechtssoziologie, den Abschnitt über die Zufälligkeit des Rechtsinhalts (S. 32 ff.), so könnte man allerdings diesen Eindruck von *Moór* gewinnen.

Die so verstandene Zufälligkeit kann der Rechtssoziologie kaum im Wege stehen. In der Wandelbarkeit des Rechts kommt gerade die Abhängigkeit von sozialen Umständen zum Ausdruck[4]. Nach *Horváth* muß die Wandelbarkeit des Rechts sogar zusätzlich von der Rechtssoziologie vorausgesetzt werden, wenn sie nicht nur beschreiben, sondern auch erklären will[5]. Denn mit der Gesellschaftlichkeit, Geschichtlichkeit und Raumzeitlichkeit des Rechts sei noch nicht die Wandelbarkeit des Rechts festgelegt, z. B. wäre das zeitliche letzte Recht nicht mehr wandelbar[6]. Gerade die Variabilität der beschriebenen Elemente, den Funktionszusammenhang des Rechts zu erfassen, soll aber das ureigene Problem der Rechtssoziologie sein.

Horváth meint jedoch weiter, daß die Rechtssoziologie andererseits keinen radikalen Allwandel voraussetzen darf (weil dies eine generalisierende Erkenntnis unmöglich machen würde), sondern nur den relativen Wandel sozialen Geschehens. Rechtssoziologie sei „wie jede Erkenntnis von Veränderung ohne ein Minimum von Veränderung, aber auch ohne ein Minimum von Beständigkeit des sich Wandelnden nicht möglich"[7].

§ 6 Der Einwand aus der Einmaligkeit sozialer Erscheinungen

Angesichts des steten Wechsels und der großen Veränderlichkeit sozialer Vorgänge und Situationen tritt die Frage in den Vordergrund, ob die Erscheinungen der gesellschaftlichen Wirklichkeit einmalig sind, so daß womöglich aus diesem Grunde keine Gesetzmäßigkeiten bestehen, oder ob gewisse soziale Sachverhalte wiederkehren können.

Für denjenigen, der im sozialen Leben radikalen Allwandel erblickt, besitzt jeder einzelne soziale Geschehensablauf einmaligen Charakter.

Daraus, daß im sozialen Geschehen, wie wir gesehen haben, Notwendigkeit herrscht, folgt für sich allein noch nicht jene Gesetzmäßigkeit, die für die Rechtssoziologie von Interesse sein könnte. Der Behauptung

---

[4] Siehe Henri *Lévy-Bruhl*, Sociologie du droit, S. 21 u. f., 31 ff.

[5] Zur Wandelbarkeit des Rechts und zu den Möglichkeiten, die Veränderungen des Rechts zu erklären, siehe auch Jean *Carbonnier*, Die großen Hypothesen der theoretischen Rechtssoziologie, in Studien und Materialien zur Rechtssoziologie, Sonderheft 11/1967 der Kölner Zeitschrift für Soziologie und Sozialpsychologie, S. 135 ff.

[6] Barna *Horváth*, Rechtssoziologie, S. 8 ff. Die Wandelbarkeit des Rechts als zusätzliche, unabdingbare Voraussetzung aufzustellen, ist wohl etwas überspitzt. Die Wandelbarkeit liegt bereits in der Raumzeitlichkeit. Auch das zeitlich letzte Recht ist einmal wandelbar gewesen, und sein „letzter Inhalt" beruht auf vorhergehenden Ereignissen und ist deshalb erklärbar.

[7] Barna *Horváth*, Rechtssoziologie, S. 10 m.

§ 6 Der Einwand aus der Einmaligkeit sozialer Erscheinungen 51

von Moritz *Schlick*, Kausalität sei nur ein anderes Wort für das Bestehen eines Gesetzes[1], kann nicht zugestimmt werden.

Einmaligkeit und Zufälligkeit, dies sei zunächst festgehalten, sind zwei ganz verschiedene Dinge. Häufig wird aber dasjenige, was einem Ding nur allein zukommt, „zufällig"[2] (in Anführungszeichen) genannt. Für Adolf *Lasson* ist Zufall etwas Vereinzeltes, das „nicht als ein regelmäßig immer Wiederkehrendes auftritt"[3]. Dieser zu Mißverständnissen führende Wortgebrauch beruht darauf, daß für solche Geschehensarten, die nur einmal oder nur sehr selten auftauchen, meistens keine Ursachen angebbar sind. Zwei Sachverhalte, die häufig zusammen in Erscheinung treten, werden also, wenn auch zum Teil vielleicht nur in übertragener Bedeutung miteinander identifiziert. Es entsteht jedoch die Gefahr, daß dort, wo Einmaligkeit gesehen wird, auch schon Mangel an Verursachung angenommen wird.

Einem solchen Irrtum erliegt *Horváth*, da er den Begriff des Zufalls nicht genügend analysiert. Horváth schreibt, das Einmalige sei zufällig, schließe Notwendigkeit aus[4]. Diese Auffassung ist in dieser Allgemeinheit sicher unrichtig. Mit der Feststellung, daß ein Geschehen nur ein einziges Mal aufgetreten ist, ist noch nicht gesagt, daß es nicht gleichwohl bis ins Kleinste verursacht ist, ebenso wie mit der Notwendigkeit noch nicht die Wiederkehr von Geschehensabläufen festgestellt ist. Chaos, völlig Neues — noch nie Dagewesenes, lassen sich leicht als einmalig vorstellen, sind aber dennoch nicht indeterminiert, und selbst von einer allgemein indeterministischen Anschauung aus sind sie nicht schon kraft ihrer Einmaligkeit unbestimmt.

1. Das Verhältnis von einmaliger Wirklichkeit und Gesetzmäßigkeit

Es liegt nahe, ein naturwissenschaftliches Verfahren in der Rechtssoziologie mit der Begründung abzulehnen, daß alles soziale Geschehen einmalig sei und deshalb in diesem Bereich keine Gesetzmäßigkeiten vorhanden seien.

An *Hegel* orientiert erklärt Georg *Lasson*[5], die Natur wiederhole sich immer, die Geschichte dagegen wiederhole sich nie. Zwar finde auch in der Natur ein Wechsel statt, aber dieser Wechsel sei unter ein bleiben-

---
[1] Moritz *Schlick*, Die Kausalität in der gegenwärtigen Physik, Die Naturwissenschaften Jg. 19, S. 145 u.
[2] In diesem Sinne ausdrücklich Rolf *Gruner*, Zur Problematik geschichtswissenschaftlicher Gesetze und Voraussagen, Methodos 1956, S. 201 (211 o.).
[3] Adolf *Lasson*, Über den Zufall, S. 16 u.
[4] Barna *Horváth*, Rechtssoziologie, S. 37 m.
[5] Georg *Lasson*, Hegel als Geschichtsphilosoph, S. 90 f.

des Gesetz gestellt. Der Satz, daß nichts Neues unter der Sonne geschehe, verliere jedoch auf dem Boden der Geschichte jede Geltung.

Hiernach wird wahrscheinlich, daß die Wiederkehr von Geschehensabläufen unerläßliche Voraussetzung für das Vorhandensein von Gesetzmäßigkeiten ist. Erinnert man sich, daß Naturgesetze nach der Schablone: „immer" wenn ..., dann ..., also anscheinend unter Verwendung einer Häufigkeitsvoraussetzung definiert werden können, so gelangt man zu dem oft vollzogenen Schluß, daß sich „über einen wirklich einmaligen Verlauf ... kein Gesetz aufstellen läßt"[6]. *Gass* sagt, ein Einzelvorgang, der in seiner Art noch nie beobachtet wurde, sei kein geeigneter Gegenstand eines Naturgesetzes[7].

Bei genauer Betrachtung ist es nun in der Tat zutreffend, daß jede gesellschaftliche Konstellation einmalig ist, wenn man sie bis in die letzten Einzelheiten begreift. Darauf deutet schon der außerordentlich hohe Komplexitätsgrad sozialen Geschehens hin; das wird vollends klar, wenn man sich vor Augen hält, daß die an scheinbar gleichen Vorgängen beteiligten Menschen, selbst wenn es dieselben Personen sind, niemals wieder dieselben Voraussetzungen mitbringen.

a) Die generelle Einmaligkeit als die im sozialen Bereich herrschende Gesetzmäßigkeit

Um trotz der Einmaligkeit gesellschaftlicher Vorgänge eine generalisierende Erkenntnisart der Rechtssoziologie zu wahren, führt *Horváth* folgenden Beweis[8]:

Er geht davon aus, daß das Einmalige einen Gegensatz zur Allgemeinheit bilde. Mit Bezug auf das Rechtsgeschichtliche führt er aus, daß daher absolute Einmaligkeit jede Art von Gesetzmäßigkeit ausschließen würde. *Horváth* meint dann aber, daß die Behauptung von der absoluten Einmaligkeit die Rechtssoziologie deshalb nicht treffen könne, weil diese Behauptung sich selbst transzendiere. Sie sei selbst eine generalisierende, keine individualisierend verstehende Erkenntnis und bedeute somit selbst die Aufstellung eines Gesetzes. Bestände die Behauptung zu Recht, so würde sie die Feststellung der denkbar erschöpfenden Gesetzmäßigkeit darstellen. Damit wäre sie dann schon selbst ein Satz der Rechtssoziologie und könne ihr deshalb nichts anhaben.

Horváths Beweisführung scheint logisch zwingend zu sein. Aber danach käme doch wohl letztlich als Gegenstand einer generalisierenden

---

[6] So Rolf *Gruner*, Zur Problematik geschichtswissenschaftlicher Gesetze und Voraussagen, Methodos 1956, S. 201 (206 u.).

[7] Ernst *Gass*, Ursache, Grund und Bedingung im Rechtsgeschehen, S. 21 m.

[8] Barna *Horváth*, Rechtssoziologie, S. 37 m.

§ 6 Der Einwand aus der Einmaligkeit sozialer Erscheinungen

Rechtssoziologie nur dieses eine Gesetz der Einmaligkeit in Betracht. Das wäre ein recht dürftiges Arbeitsgebiet für die Rechtssoziologie.

b) Die Einmaligkeit natürlicher Geschehensabläufe

Die Tatsache der Einmaligkeit sozialer Zusammenhänge kann aber wegen anderer Überlegungen die Rechtssoziologie nicht treffen.

Das Phänomen der Einmaligkeit tritt zwar im gesellschaftlichen Leben mit besonderer Prägnanz hervor, aber auch im rein physikalisch zu erklärenden Bereich der Natur wiederholt sich streng genommen nichts.

Die Unterschiede zwischen anscheinend wiederkehrenden Vorgängen in der Natur mögen zum Teil so gering sein, daß der Mensch sie für unbedeutend hält oder daß sie ihm vielleicht sogar unbegreifbar bleiben. Das kann jedoch alles nichts daran ändern, daß sie vorhanden sind[9]. Wenn wir in der Umgangssprache sagen, daß eine Situation sich wiederholt habe, so denken wir dennoch auch zugleich daran, daß die betreffenden Situationen wenn auch nur kleine Abweichungen untereinander aufweisen, die uns nur nicht wesentlich erscheinen. Das Wort „Nichts Neues unter der Sonne" gilt im Bereich der unbelebten Natur ebensowenig wie im sozialen Bereich.

Die scharfe pauschale Gegenüberstellung von Natur und Gesellschaft aus den Gesichtspunkten der Einmaligkeit oder Wiederkehr einzelner Wirklichkeitsabschnitte ist somit als Ansatzpunkt für logische Folgerungen verfehlt.

Einmaligkeit ist ein ausnahmsloses, allgemeines Phänomen sämtlicher Teile der Wirklichkeit, das jede Naturwissenschaft vorfindet. Physikalische Geschehensabläufe sind demnach selbst dann nicht völlig gleich, wenn sie unter derselben strengen Gesetzmäßigkeit stehen. Trotz Einmaligkeit aller Vorgänge ist aber die Physik, so sagt man, zu exakter Erklärung in der Form der Auffindung von Naturgesetzen in der Lage.

Hieraus wird ersichtlich, daß Gesetzmäßigkeiten gar nicht die Wiederkehr im strengen Sinn voraussetzen darf, wenn man nicht das Vorhandensein von Gesetzen in der Natur überhaupt leugnen will.

c) Die Abstraktheit der Gesetzmäßigkeit

Spricht der Physiker von einem Naturgesetz, so schwebt ihm auch gar nicht die absolute Gleichheit mehrerer Geschehensabläufe vor, sondern nur, daß unter ähnlichen Voraussetzungen ähnliche Folgen eintreten. Im Naturgesetz sind bestimmte Ursachen ausgesondert, die für eine bestimmte Wirkung repräsentativ sind, wobei diejenigen Faktoren

---
[9] Vgl. Nicolai *Hartmann*, Philosophie der Natur, S. 351 f.

außer Betracht bleiben, die die Einmaligkeit des Vorgangs ausmachen. Dementsprechend geht der Physiker darauf aus, Strukturen der Wirklichkeit in der Weise herauszukristallisieren, daß er unwesentliche Umstände vernachlässigt.

Lewin[10] hebt zutreffend hervor, daß ein Gesetz nicht die Behauptung bestimmter „historischer" Notwendigkeiten enthalte. Gesetz sei lediglich die Beschreibung eines bestimmten (konditional-genetischen) Geschehens*typus* oder des Zusammenspiels mehrerer solcher Typen[11].

Demnach beruht jedes Naturgesetz auf Abstraktion. Die Abläufe der Natur enthalten ganz für sich allein genommen noch nichts Gesetzliches, da sie stets individuell sind. Naturgesetze sind erst ein Produkt des Verstandes[12]. Der Verstand erzeugt die Naturgesetze, indem er die Erfahrungsinhalte verarbeitet und ordnet[13].

Einmaligkeit und Wiederkehr sind nicht nur Gegensätze, sondern können auch durch unterschiedlichen Gesichtswinkel nebeneinander bestehen. Der einmalige Vorgang kann sich wiederholen, wenn eine nur endliche Anzahl seiner Merkmale betrachtet wird und von dem Rest abgesehen wird.

d) Die Auflösung der Gesetzmäßigkeit durch individuelle Abwandlung

Die Irrealität der Gesetze bringt eine mit dem realen Geschehen unvergleichbare Einförmigkeit einer jeden Gesetzesformel mit sich. Das allgemeine Fallgesetz gilt unverändert heute wie vor zehn Jahren. So gesehen ist Gesetzmäßiges etwas Unwandelbares, und beide Begriffe werden in der Umgangssprache teilweise synonym gebraucht.

Diese verhältnismäßig große Konstanz der Gesetzesformeln ist es wohl, von der auch die von Geisteswissenschaftlern vielfach vertretene These abgeleitet wird, daß extreme Wandelbarkeit die Gesetzmäßigkeit einschränke. Nach Viktor von *Weizsäcker*[14] verbietet die Flüssigkeit und Wandelbarkeit des lebenden Organismus die Aufstellung gesetzmäßiger Konstruktionen. Der Organismus sei überhaupt nur lebensfähig, weil

---

[10] Kurt *Lewin*, Gesetz und Experiment in der Psychologie, S. 388 m., 409 f.

[11] Kurt *Lewin*, Gesetz und Experiment in der Psychologie, S. 388 o., 406 u., 410 o.; vgl. Ernst E. *Hirsch*, Was bedeutet „sozialistische Gesetzlichkeit"? in Das Recht im sozialen Ordnungsgefüge, S. 277; vgl. auch Ernst *Gass*, Ursache, Grund und Bedingung im Rechtsgeschehen, der (S. 20 f.) einige teilweise ähnlich lautende Definitionen des Naturgesetzes zusammengestellt hat.

[12] Vgl. Immanuel *Kant*, Prolegomena zu einer jeden künftigen Metaphysik, die als Wissenschaft wird auftreten können, S. 318 ff.

[13] Vgl. Ernst *Gass*, Ursache, Grund und Bedingung im Rechtsgeschehen, S. 21 u.

[14] Viktor von *Weizsäcker*, Der Gestaltkreis, S. 123 f.

§ 6 Der Einwand aus der Einmaligkeit sozialer Erscheinungen

eine derartige Wandelbarkeit bestehe; der Verlust sei also mit einem Gewinn verbunden. Viktor von Weizsäcker definiert Leben geradezu als Einschränkung der Gesetzmäßigkeit. Die materiellen Vorgänge und ihre Gesetze könnten immer durch einen psychischen oder sonst übermateriellen Eingriff durchbrochen werden[15].

Diese Anschauung beruht auf irrtümlichen Vorstellungen darüber, was den Inhalt eines Naturgesetzes ausmacht. Es wird verkannt, daß die geringe Veränderlichkeit alles Gesetzlichen nicht im Gegenstand des Gesetzes liegt, sondern dem Gesetz selber wegen seiner abstrakten Gestalt anhaftet. Die Unwandelbarkeit ist nur Folge der im Gesetz enthaltenen Abstraktion; es ist nicht Voraussetzung, daß der Wirklichkeitsbereich, über den das Gesetz etwas aussagt, schon ihm entsprechend gleichförmig ist[16]. Für die Erklärung eines sehr stark wandelbaren Geschehens mögen viele und sehr komplizierte Gesetze erforderlich sein. Aber schon mit der Möglichkeit der Abstraktion ist auch die Möglichkeit gegeben, daß selbst sehr stark wandelbares Geschehen in der Einförmigkeit eines Gesetzes aufgeht.

Die in dieser Frage anzutreffende Verwirrung wird zum Teil durch einen schwankenden Gebrauch des Begriffs „Gesetzmäßigkeit" hervorgerufen. Dieser Ausdruck wird nicht nur stellvertretend für „Gesetz" verwendet, so daß damit ein Gesetz im weniger strengen Sinn gemeint ist, sondern auch im Hinblick auf das reale Geschehen, mit der Bedeutung, daß ein Teilbereich der Wirklichkeit „gemäß einem Gesetz" abläuft. Die zweite Bedeutung drängt sich nach der Wortfassung sogar eher in den Sinn als die erste, obwohl praktisch meist die Gesetzmäßigkeit als abstraktes Gebilde gemeint sein wird, weil der Ausdruck Gesetzmäßigkeit häufig gebraucht wird, um darauf hinzuweisen, daß die Gesetzesaussagen nicht ganz sicher sind[17].

---

[15] Viktor von *Weizsäcker*, Der Gestaltkreis, S. 123 u.
[16] Wie sehr die irrigen Vorstellungen über diesen Punkt bereits in das allgemeine Bewußtsein eingedrungen sind, zeigt die Tatsache, daß selbst Hermann *Kantorowicz* das Naturgesetz bei der Abgrenzung von den (normativen) Regeln als Beschreibung „unabänderlicher kausaler Beziehungen" definiert (Der Begriff des Rechts, S. 40 m.). (Es kann allerdings sein, daß Kantorowicz den Begriff des „Unabänderlichen" nicht so wörtlich wie in der üblichen Terminologie verstanden haben wollte, sondern vielmehr beabsichtigte, die Notwendigkeit im Kausalzusammenhang hervorzuheben.)
[17] Da Gesetzesaussagen, wie noch zu zeigen sein wird, nie völlig sicher sind und insofern eigentlich jedes Gesetz nur Gesetzmäßigkeit ist, mag die verbreitete Terminologie, nach der auch dort von „Gesetz" gesprochen wird, wo es genau genommen „Gesetzmäßigkeit" heißen müßte, gerechtfertigt sein, um die Unklarheiten zu vermeiden, die der Begriff „Gesetzmäßigkeit" mit sich bringt. Das Wort „Gesetz" wäre im naturwissenschaftlichen Sinn überhaupt nicht mehr verwendbar, wenn man dem Begriff des Gesetzes nicht einen Bedeutungswandel zuerkennen, ihn nicht weniger streng auffassen würde. Andererseits muß man sich dann aber darüber im klaren sein, daß von diesem Gesetzesbegriff das Sittengesetz und das Rechtsgesetz streng zu

Wenn nun die Elemente der abstrakten Gesetzmäßigkeit ständig abgewandelt würden, so widerspräche das ihrer Eigenart. Ändert sich aber reales Geschehen, das gemäß einer Gesetzmäßigkeit ablaufen soll, so ist damit die abstrakte Gesetzmäßigkeit nicht ohne weiteres widerlegt. Die Vielgestaltigkeit von Erdrutschen stellt die Gesetze der Mechanik nicht in Frage[18].

Es wird jetzt offenbar, daß auch der im Vergleich zur unbelebten Natur größere Wandel im sozialen Leben prinzipiell nicht jene Einschränkung der Gesetzmäßigkeiten bedeutet, die häufig als selbstverständlich vorausgesetzt wird. An der Argumentation von Fr. J. *Neumann*[19] lassen sich beispielhaft die unklaren Vorstellungen ablesen, die über den Charakter von Gesetzmäßigkeiten herrschen. Er ist der Auffassung, daß Gesetzmäßigkeiten auf wirtschaftlichem Gebiet wegen ihrer Abhängigkeit von physischen Vorgängen einem unberechenbaren Wandel unterlägen, worin er einen Gegensatz zu Naturgesetzen sieht. Niemand könne behaupten, daß wirtschaftliche Tätigkeiten, die sich auf Erwerb und Erhaltung von Vermögensobjekten bezögen, im Zeitalter modernen Verkehrs desselben Charakters seien, wie in den Kulturstadien mittelalterlicher Abgeschlossenheit. Als weiteren Unterschied zu den Naturgesetzen stellt er heraus, daß wirtschaftliche Gesetzmäßigkeiten der Einflußnahme durch den menschlichen Willen zugänglich seien und insbesondere von den Machtgeboten solcher Kulturträger wie Staat, Kirche, Gemeinde usw. direkt oder indirekt getroffen werden könnten.

Ihm ist entgegenzuhalten, daß es nicht die sozialen Gesetzmäßigkeiten selbst sind, die von dem Fortschreiten der Kultur abhängig sind. Was sich ändert, ist vielmehr lediglich die Häufigkeit des Auftretens bestimmter Geschehenstypen. Es ist nur der Anwendungsbereich der Gesetzmäßigkeiten, der von dem Wandel der Kultur miterfaßt wird. Entsprechendes gilt aber auch für das Vorkommen der Naturgesetze. Im Zeitalter der Technik treten Naturgesetze in den Vordergrund, die früher keinerlei Bedeutung hatten, oder es werden sogar Naturgesetze

---

unterscheiden sind, obwohl der gleiche Ausdruck ursprünglich eine Gleichartigkeit des Sachverhalts bedeuten sollte: Die Ordnung der Natur, glaubte man in frühgeschichtlicher Zeit, beruhe, entsprechend den für das menschliche Zusammenleben aufgestellten Gesetzen, die für die Ordnung im Staate maßgebend waren, auf dem Willen eines höchsten Machtinhabers, der die Gesetze der Natur, die Naturgesetze, als Sollenssätze erlassen habe. Diese irrtümliche Bezeichnung „Gesetz" für Ordnungen der Natur ist trotz besserer Einsicht bis heute beibehalten worden, so daß der Ausdruck in seiner naturwissenschaftlichen Bedeutung einen radikalen Sinnwandel durchgemacht hat. Vgl. Ernst E. *Hirsch*, Was bedeutet „sozialistische Gesetzlichkeit?" in Das Recht im sozialen Ordnungsgefüge, S. 276.

[18] Hans *Peter*, Weltanschauung und Einheit der Wissenschaft, in Die Einheit der Sozialwissenschaften, S. 13 u.

[19] Fr. J. *Neumann*, Naturgesetz und Wirtschaftsgesetz, Zeitschrift für die gesamte Staatswissenschaft, Jg. 48, S. 405 (445 f., 463 u.).

§ 6 Der Einwand aus der Einmaligkeit sozialer Erscheinungen

sichtbar, die mangels entsprechender Voraussetzungen in vortechnischer Zeit sicher noch niemals in Erscheinung getreten sind. Daß veränderte Voraussetzungen zu anderen Folgen führen, wird durch die Feststellung einer Gesetzmäßigkeit niemals ausgeschlossen. Nur unter denselben typischen Voraussetzungen, die als wesentlich erkannt sind, soll dieselbe typische Folge eintreten. Diese überzeitliche Geltung wird für jegliche Gesetzmäßigkeit nur durch die Unzulänglichkeit menschlicher Erkenntnis verschleiert; in der Formulierung von Gesetzen müssen mitunter Änderungen vorgenommen werden, etwa durch Einführung zusätzlicher Prämissen, die auf besserer Einsicht in die Zusammenhänge beruhen.

Auch staatliche Macht unterliegt selbst völlig jenen Ordnungsprinzipien. Sie könnte die abstrakten sozialen Gesetzmäßigkeiten ebensowenig wie die Naturgesetze außer Kraft setzen, sondern nur Vorkehrungen treffen, daß ein Teilbereich der Wirklichkeit unter den Geltungsbereich einer Gesetzmäßigkeit fällt oder nicht darunter fällt.

Insofern besteht ein grundlegender Unterschied zu den sich beständig wandelnden und wandelbaren Rechtsgesetzen. Auf Rechtsgesetze, die Bestandteil der sozialen Realität sind, ist eine direkte Einflußnahme möglich[20]. Ihr Inhalt hängt unter anderem auch unmittelbar von staatlicher Macht ab. Aber schon die Tatsache, daß Rechtsgesetze auch befolgt werden, beruht niemals allein auf staatlichem Zwang. Politische Maßnahmen würden gar keinen Erfolg haben können, wenn nicht die Gesellschaft eigentümlichen, unantastbaren Ordnungsprinzipien unterworfen wäre, ebenso wie der Bau eines Krankenhauses, die Vorlesung eines Universitätsprofessors, das Konzert eines Künstlers sonst aussichtslose Unternehmungen wären[21]. Es ist nicht die äußere autoritative Regelung durch Rechtsgesetze, sondern die zunächst unübersehbar erscheinende Mannigfaltigkeit unwandelbarer Gesetzmäßigkeiten, die die Möglichkeit sozialen Handelns gewährt. „Eine Gesellschaft, die nur durch formelle äußere Rechtssatzungen zusammengehalten wäre, würde nicht eine Stunde bestehen können[22]." Bei jedem Eingriff in die soziale Wirklichkeit kann das ins Auge gefaßte Ziel nur erreicht werden, wenn bestimmte soziale Voraussetzungen erfüllt sind oder geschaffen werden. Dabei mag staatlicher Zwang oft ein erheblicher, Voraussetzungen schaffender Faktor sein, häufig jedoch scheitert die Verwirklichung eines an-

---

[20] Über das Recht als Regulierungsinstrument, seine einzelnen Aufgaben, vgl. die systematischen Darstellungen bei Ernst E. *Hirsch*, Das Recht im sozialen Ordnungsgefüge, S. 28 f. und bei Manfred *Rehbinder*, Karl N. Llewellyn als Rechtssoziologe, Kölner Zeitschrift für Soziologie und Sozialpsychologie, 1966, S. 536 ff.; vgl. auch Werner *Krawietz*, Das positive Recht und seine Funktion, S. 47 ff.
[21] Vgl. Franz *Eulenburg*, Naturgesetze und soziale Gesetze, Archiv für Sozialwissenschaft und Sozialpolitik, Bd. 32, S. 699.
[22] Franz *Eulenburg*, a.a.O., S. 700 u.

gestrebten Erfolges an mangelnder Berücksichtigung der sozialen Umstände, weil insbesondere die Wirksamkeit von Rechtsgesetzen meistens überschätzt wird. Der abstrakten Gesetzmäßigkeiten kann (und muß) sich der Staat zwar bedienen, abändern kann er sie jedoch nie.

Selbst größter Wandel und willkürliche Einwirkung sind in keiner Form geeignet, abstrakte Gesetzmäßigkeiten auszuschließen.

2. Die Einmaligkeit von Geschehenstypen

Auch wenn man den Begriff der Einmaligkeit nicht so streng wie in der bisher zugrunde gelegten Bedeutung als historische Einmaligkeit des realen Geschehens auffaßt, ergeben sich keine wesentlich neuen Gesichtspunkte: Selbst die Einmaligkeit eines Geschehens*typus* — Geschehens*typen* kommen in der Regel mehrfach vor wie Gattungssachen, die an sich im einzelnen ebenfalls einmalig sind — würde der Gesetzmäßigkeit des konkreten Geschehens nicht entgegenstehen. Denn mit der Aufstellung eines Gesetzes wird das wiederholte Auftreten ähnlicher Vorgänge keineswegs behauptet. Es gehört im Gegenteil gerade zum Wesen des Gesetzes, daß es über das Vorkommen nichts aussagt und seine Gültigkeit von der Wiederkehr gleicher Geschehenstypen unabhängig ist[23]. Jeder Einzelfall enthält bereits für sich allein die volle Gesetzmäßigkeit. Die Wiederkehr derselben Geschehenstypen wird im Gesetz „immer" nur dann behauptet, *falls* ausnahmslos dieselben Voraussetzungen ein zweites Mal erfüllt sind.

§ 7 Die „Existenz" von Gesetzmäßigkeiten

Wenn man davon spricht, daß in der sozialen Wirklichkeit Gesetze „existierten", wie es *Marchal*[1] tut, oder „vorhanden seien", so kann hierin leicht eine Position gesehen werden, die angreifbar ist. Denn streng genommen existieren (substanziell) in der Realität keine Gesetze, sondern nur individuelle Bedingungsgefüge, die Gegenstand von Gesetzen sein können. Nichts geschieht bewirkt *durch* ein Gesetz[2], Vorgänge können nur *nach* einem Gesetz ablaufen.

Ursachen und Wirkungen sind räumlich-zeitlich begrenzte Ausschnitte der Realität, des realen Bedingungsgefüges, an die das Gesetz anknüpft. Aber weder der Kausalzusammenhang im Teil für Teil einmaligen Be-

---

[23] Vgl. Kurt *Lewin*, Gesetz und Experiment in der Psychologie, S. 390 u. f.; Wolfgang *Metzger*, Psychologie, S. 244 u. f.

[1] André *Marchal*, Artikel „Gesetze, soziale und ökonomische", Handwörterbuch der Sozialwissenschaften, Bd. 4, S. 448 (450).

[2] Vgl. Ernst *Gass*, Ursache, Grund und Bedingung im Rechtsgeschehen, S. 133 u.

§ 7 Die „Existenz" von Gesetzmäßigkeiten

dingungsgefüge der Realität an sich, noch einzelne ausgewählte Erscheinungen dieser Realität machen schon ein Gesetz aus.

Um Gesetzmäßigkeiten zu begegnen, ist es daher nicht damit getan, die Realität so genau wie möglich zu untersuchen; hierzu bedarf es vielmehr menschlicher Vernunft, da die Gesetze nicht eigentlich im Raum liegen[3]. Gesetze besitzen ebensowenig eine reale Existenz wie etwa das mathematische Gebilde des Kreises. Wer daher in der Realität nach Gesetzen Ausschau hält und es ganz genau nimmt, wird von vornherein ebensowenig Erfolg haben können, wie derjenige, der mit größter Sorgfalt in der Raumzeitwelt nach einem vollkommenen Kreis sucht.

Man muß sich also darüber im klaren sein, daß ein Standpunkt denkbar ist, von dem aus gesehen keine Gesetze im sozialen Bereich „existieren" oder „vorhanden" sind. Dieser Feststellung kommt jedoch deshalb kaum Gewicht zu, weil vom selben Standpunkt aus betrachtet konsequenterweise auch die strengsten physikalischen Gesetze als „nichtexistent" angesehen werden müßten.

---

[3] Vgl. Immanuel *Kant*, Prolegomena zu einer jeden künftigen Metaphysik, die als Wissenschaft wird auftreten können, S. 321 u.

Dritter Abschnitt

Die Auffindbarkeit von Gesetzmäßigkeiten im sozialen Geschehen

Nachdem wir gesehen haben, daß die Tatsache der Einmaligkeit für die Physik kein Hindernis für die Aufstellung von exakten Gesetzen ist und dementsprechend auch prinzipiell keinen Einwand gegen das „Vorhandensein" sozialer Gesetzmäßigkeiten abgibt, müssen wir weiter untersuchen, ob nicht die Einmaligkeit im sozialen Geschehen so stark ausgeprägt ist, daß die *Auffindung* von Geschehenstypen nicht mehr möglich ist.

Soziale Zusammenhänge könnten derart beschaffen sein, daß, obwohl Gesetzmäßigkeiten denkbar sind, nicht mehr die *Möglichkeit* besteht, im einmaligen Geschehen Strukturteile zu *erkennen*, die in der Weise abstrahiert werden können, daß andere Erscheinungen der Abstraktion unterfallen. Mit dieser Frage hängt die immer wieder vorgebrachte Behauptung zusammen, daß über gesellschaftlich-geschichtliche Vorgänge keine allgemeinen Aussagen gemacht werden können, die über den konkreten Sachverhalt hinaus gültig sind.

§ 8 Die Komplexität sozialer Erscheinungen

Der bei flüchtiger Betrachtung entstehende Eindruck, daß sich im Bereich der unbelebten Natur vieles wiederhole, während soziales Geschehen immer einmaligen Charakter trage, kommt dadurch zustande, daß zwei unterschiedliche Ebenen miteinander verglichen werden; das eine Mal wird an die abstrakte Struktur gedacht, das andere Mal an das konkrete Geschehen. Aber diese fehlerhafte Betrachtungsweise zeigt doch, daß uns an Gegenständen der Physik die Abstraktion wesentlich näher liegt, und auch wenn man in beiden Fällen den Blick auf das konkrete Geschehen richtet, bleibt dennoch der Eindruck bestehen, daß in der belebten Natur eine gesteigerte Einmaligkeit herrscht.

Der Soziologe steht einer Vielfalt von verflochtenen, sich gegenseitig bedingenden Faktoren gegenüber, wie sie an Gegenständen der Physik kaum bekannt sind; im sozialen Bereich haben wir es mit Zusammenhängen zu tun, die fast immer in sie umfassende menschliche Beziehungs-

§ 8 Die Komplexität sozialer Erscheinungen

systeme eingelagert sind. Das Erkennen und Herausgreifen wesentlicher Strukturlinien wird dadurch erschwert, daß es in soziologischer Hinsicht kaum geschlossene Geschehenssysteme gibt, die für sich allein Gegenstand der Untersuchung sein könnten; fast immer muß die Durchlässigkeit der Grenzlinien des zu erforschenden sozialen Feldes mitberücksichtigt werden. Der Physiker braucht die mannigfaltigen Verbindungen zu dem den Forschungsgegenstand umgebenden Bereich nicht in analoger Weise mitzudenken.

Diese Andersartigkeit wirkt sich nicht nur in räumlicher Hinsicht, sondern auch in zeitlicher Hinsicht störend aus: Die soziale Sphäre läßt sich kaum jemals von der Vergangenheit lösen, in der sie entstanden ist, noch kann sie von der Zukunft getrennt werden, deren Gestaltung sie in Zielsetzungen anstrebt.

Die Vorgänge im sozialen Bereich sind oft derart subtil, daß häufig gerade den geringfügig erscheinenden Faktoren die entscheidende Bedeutung zukommt. Der Eindruck der Komplexität und Mehrdimensionalität wird noch dadurch verschärft, daß sich die Menschen, die den sozialen Bereich beherrschen, willkürlich verhalten können, daß sie individuelle Freiheit besitzen und einsetzen können. Bei jedem Individuum muß damit gerechnet werden, daß bei gleichen Umweltbedingungen vielfältige Möglichkeiten des Reagierens bestehen. Während man in der Psychologie des vorigen Jahrhunderts noch von der Hypothese ausging, daß ein genau abgegrenzter Einzelreiz eine spezifische Reaktion des Erlebens oder Verhaltens des Menschen hervorruft, geht die neuere Ansicht dahin, daß jede Reaktion in einem nicht unbeachtlichen Maße von der ständig sich verändernden seelischen Verfassung abhängig ist.

Diese Besonderheiten der sozialen Sphäre, die schon ihre genaue Erfassung durch Beobachtung erschweren, beeinträchtigen auch die Möglichkeit, durch Experimente, in deren Verlauf ja bestimmte Faktoren zur Untersuchung ausgesondert werden, zuverlässige Ergebnisse zu ermitteln. Die (begrenzende) Isolierung bestimmter sozialer Phänomene aus dem raumzeitlichen Zusammenhang kann leicht zu einer Zerstörung der besonderen Typizität des Geschehens führen. Sie läßt sich auch kaum jemals vollständig verwirklichen. Da psychische Gehalte von wesentlicher Bedeutung sind, ist ein Übergreifen angrenzender oder zeitlich zurückliegender Tatbestände auf die Experimentiersituation meist unvermeidbar. Die Verhaltensweisen der Menschen können ferner durch das Bewußtsein, einem Experiment zu dienen, so weitgehend verändert werden, daß die experimentellen Ergebnisse nicht mehr dem wirklichen sozialen Geschehen entsprechen.

Die Wiederholbarkeit unter gleichen Bedingungen ist wohl unerläßliche Voraussetzung für die Durchführbarkeit von Experimenten[1]. Dieses

---
[1] Vgl. Gerhard *Frey*, Gesetz und Entwicklung in der Natur, S. 59 f.

Erfordernis scheint aber wegen der persönlichen Verschiedenheiten der Menschen im gesellschaftlichen Bereich niemals erfüllbar zu sein. Selbst wenn mehrfach am selben Individuum experimentiert wird, so findet doch jeder Versuch unter jeweils neuen Bedingungen statt, schon deshalb, weil das vorhergehende Experiment immer einen Eindruck bei der Versuchsperson hinterläßt und insofern die inneren Bedingungen eine neue Grundlage des Verhaltens schaffen. Der Organismus lernt aus jedem vorangegangenen Ereignis.

Die Physik scheint aber ihre Sicherheit aus der Möglichkeit zu beziehen, daß sie durch Experimente zuverlässige Ergebnisse erhalten kann. Beim Wiederholen können die Vorgänge vereinfacht werden, und das Allgemeingültige hebt sich dann besser von demjenigen ab, was die Einmaligkeit des Erscheinungsfalles ausmacht.

Die Komplexität des soziologischen Gegenstandes zeigt sich auch darin, daß die Soziologie, wenn man eine Hierarchie der Wissenschaften aufstellen wollte, einen hinteren Platz einnähme. Die Erscheinungen des sozialen Lebens werden durch Faktoren bestimmt, die von der Psychologie untersucht werden, die ihrerseits biologische Erkenntnisse verwertet. Die Biologie wiederum stützt sich auf Chemie und Physik[2].

In keiner Hinsicht werden jene klaren und reproduzierbaren Verhältnisse erkennbar, wie wir sie im physikalischen Bereich leicht entdecken können. Obwohl auch die Gegenstände der Soziologie wie die Gegenstände der Physik unter unabänderlichen Gesetzmäßigkeiten stehen, spricht nach diesen Überlegungen doch alles dafür, daß wir jene Gesetzmäßigkeiten an sozialen Erscheinungen wegen ihrer ungeheuren Komplexität nicht auffinden können.

§ 9 Die Erfassung der Verursachung im Geschehensablauf

Wegen der verwickelten Lage bei sozialen Sachverhalten ist es unmöglich, Ursachen anzugeben, die immer und mit Notwendigkeit eine bestimmte Folge herbeiführen. Obwohl die Realität an sich durchgehend durch verursachende Faktoren festgelegt ist, ist die Vielzahl der Determinanten, die in einer sozialen Situation wirksam werden, doch so groß, daß sich in Aussagen über das soziale Geschehen niemals die dort herrschende Notwendigkeit widerspiegeln kann. Gesetze, die Kausalurteile enthalten, können wohl kaum formuliert werden. Geringste Ursachen, deren Vorhandensein oder Nichtvorhandensein nicht mehr erfaßbar ist, haben zum Teil ungleich größere Wirkungen[1], die das Geschehen beherr-

---

[2] Vgl. Karl Raimund *Popper*, Das Elend des Historizismus, S. 10 u.
[1] Vgl. Hans *Kelsen*, Vergeltung und Kausalität, S. 261 ff.

§ 9 Die Erfassung der Verursachung im Geschehensablauf

schen, im Gefolge, so daß einzelne Geschehensarten, obwohl sie mit Notwendigkeit ablaufen, sich nicht mehr klassifizieren lassen.

Die Entwicklung der modernen Physik hat indessen eindeutig erwiesen, daß die Möglichkeit strenger Kausalurteile keine wesentliche Voraussetzung für eine naturwissenschaftliche Erforschung der Wirklichkeit ist[2]. Bereits vor dem 20. Jahrhundert hatte die Auffassung, daß die Welt aus isolierten Kausalreihen aufgebaut sei, die man einzeln erkennen kann, viele Gegner[3]. Mit der Begründung der Quantenmechanik ist die Abkehr von der einfachen Kausalbetrachtung dann bewußt vollzogen worden. Die Frage, warum sich ein Partikel an einer bestimmten Stelle befindet, kann danach nicht beantwortet werden; seine konkrete Lage ist vom Standpunkt menschlicher Erkenntnis nur wahrscheinlich, da keine hinreichenden Ursachen auffindbar sind. Das Bedingungsgefüge der Realität übersteigt im Kleinsten das menschliche Fassungsvermögen.

Erst bei einer sehr großen Anzahl von Einzelprozessen verdichten sich die einzelnen Wahrscheinlichkeitswerte zu praktischer Gewißheit über die Verteilung der Partikel. Völlige logische Gewißheit kann aber niemals entstehen, so daß alle Realgesetze der klassischen Physik theoretisch lediglich Wahrscheinlichkeitsgesetze sind. Ihnen kommt der Charakter statistischer Durchschnittsregeln zu. Das in Gesetzen erfaßte Kausalverhältnis, das die Veränderungen der Dinge im Großen durchzieht, besitzt eine nur statistische Regelmäßigkeit, die aber mit einer beträchtlichen praktischen Gewißheit auftritt.

Dieses „Gesetz der großen Zahl" zeigt sich beispielsweise anschaulich am Zerfall radioaktiver Substanzen, der sich, wie man sagt, streng gesetzmäßig vollzieht, obwohl nicht bekannt ist, welches Atom zu welcher Zeit zerfallen wird. Ebenso sind die Eigenschaften der Gase wie Reibung, Wärmeleitung, Diffusion ganz offensichtlich rein statistisch zu erklären. Der Druck eines Gases, der nach der Molekulartheorie durch das Auftreffen der Moleküle auf die Wände zustande kommt, verhält sich gesetzmäßig, obwohl kein Physiker den Verlauf jedes einzelnen molekularen Prozesses verfolgen kann. Wird die Zahl der wirksamen Einzelprozesse sehr klein, so verlieren die Gesetze für den Gasdruck ihre exakte Gültigkeit. Dieses Zeichen für ihren statistischen Charakter ist auch experimentell nachgewiesen[4]. Auch die bewährtesten Gesetze der Physik betreffen Erscheinungen, denen Prozesse zugrunde liegen, deren Ablauf im einzelnen unbekannt bleibt[5]. Die für ein Gesetz entscheiden-

---

[2] Vgl. Ernst E. *Hirsch*, Die Rechtswissenschaft und das neue Weltbild, in Das Recht im sozialen Ordnungsgefüge, S. 79 f.
[3] Herbert *Hörz*, Werner Heisenberg und die Philosophie, S. 158 o.
[4] Erwin *Schrödinger*, Was ist ein Naturgesetz? S. 12.
[5] Vgl. Franz *Exner*, Vorlesungen über die physikalischen Grundlagen der Naturwissenschaften, S. 689 m., 711 o.; Erwin *Schrödinger*, a.a.O., S. 16 u.

den Ursachen und Wirkungen stützen sich auf die den Physikern allein zugänglichen Mittelwerte der realen Konstellationen, die das Ergebnis von Millionen einzelner verschiedenster Abläufe darstellen.

Das atomare Geschehen und seine Verknüpfung mit den darauf beruhenden Gesamterscheinungen läuft subjektiv absolut zufällig ab und könnte sogar als objektiv absolut zufällig betrachtet werden, ohne daß die Geltung der Gesetze dadurch beeinträchtigt wäre.

Die physikalische Forschung ist demnach in der Lage, ohne Schaden auf die ununterbrochene Zurückführung auf ein kausalgeordnetes Geschehen zu verzichten. Die Gesamtheit der atomaren Prozesse zeigt in ihrer großen Zahl bereits so regelmäßige Strukturen, daß die Verfolgung einzelner Kausalreihen erst an der Grenze zum Makroskopischen einzusetzen braucht.

Da die in dieser Weise auftretenden Gesetzmäßigkeiten nicht an die Größenordnungsverhältnisse von Mikrokosmos und Makrokosmos gebunden sind, sondern die Zahl der Einzelfälle entscheidend ist, die unserer Beobachtung zugrunde liegen, erscheint die Schlußfolgerung gerechtfertigt, daß sich menschliches Verhalten nach diesen selben Prinzipien beurteilen läßt, wie sie von der Physik vorausgesetzt werden. Die Unvorherbestimmbarkeit einzelner Abläufe hindert im sozialen Bereich ebensowenig wie im Gegenstandsbereich der Physik die Aufstellung von Gesetzmäßigkeiten für die übergreifenden Zusammenhänge. Die subjektive Freiheit der einzelnen Menschen gleicht sich im Durchschnitt aus und ergänzt sich zu berechenbaren Gesamtzuständen der gesellschaftlichen Erscheinungen, und die individuelle Freiheit kann nur in dem Umfang wirksam werden, als es von der Masse, in der sie gebunden ist, gestattet wird[6]. Die wissenschaftliche Erfassung einer sozialen Situation bedeutet demnach nicht, daß sämtliche seelischen und physischen Zustände aller Beteiligten berücksichtigt werden müssen[7].

Der Wissenschaft insgesamt nützt also die Tatsache allgemeiner durchgehender Verursachung in dieser Allgemeinheit wenig, da sie nicht über genügende Erkenntnismöglichkeiten verfügt, und jede Wissenschaft muß es sich leisten können, auf eine totale Erfassung der Wirklichkeit zu verzichten. Selbst bei bester Auswahl typischer Ausschnitte der Wirklichkeit, die sich als Ursachen darstellen, wird die Notwendigkeit des Übergangs in eine bestimmte Wirkung nicht erfaßt.

Es zeigt sich wiederum deutlich die Gegensätzlichkeit zwischen dem konkreten Geschehen, in dem als Seinsprinzip das Prinzip durchgehender Verursachung herrscht, und dem abstrakten Gesetz, in dem über die

---

[6] Siehe hierzu Ernst E. *Hirsch*, Die Rechtswissenschaft und das neue Weltbild, in Das Recht im sozialen Ordnungsgefüge, S. 79 ff.

[7] Vgl. Karl Raimund *Popper*, Das Elend des Historizismus, S. 110 o.

Singularität der Dinge und Vorgänge hinweggesehen wird. Im Gesetz ist das kausal-determinierte Geschehen funktional (im logischen Sinne) dargestellt[8]. Bereits *Eulenburg*[9] hat darauf hingewiesen, daß soziale Gesetze einen Funktionalzusammenhang ausdrücken, in dem Sinne, daß Änderungen einer Komponente Änderungen einer anderen Komponente zur Folge hätten[10]. Von der speziellen konkreten Bestimmtheit einer Wirkung ist der abstrakte Zusammenhang zu unterscheiden, der zwischen Bedingung und Folge liegt[11]. Das Kausalgefüge wird nicht als solches erkannt, sondern es werden Funktionalbeziehungen abgehoben. In der Physik ist mit zunehmender Mathematisierung deutlich geworden, daß der mathematische Funktionsbegriff das eigentlich Wesentliche des physikalischen Kausalverhältnisses wiedergibt[12].

Eine systematische Durchdringung des Funktionsbegriffs ist hier weder möglich noch erforderlich. Die hierzu von *Krawietz* dargetanen Ausführungen, daß der Begriff der Funktion in allen wissenschaftlichen Disziplinen in weitgehend übereinstimmender Bedeutung verwendet werde und das Ergebnis einer auf Wirkweisen gerichteten Betrachtung sei[13], stellen wohl ein zu einheitliches Bild her und müßten im einzelnen noch differenziert werden.

§ 10 Die praktische Bedeutung durchgehender Bestimmtheit der Realität für die naturwissenschaftliche Denkweise

Da in den Naturwissenschaften von dem Vorhandensein kausaler Verknüpfungen an mikromechanischen Einzelvorgängen abgesehen wird, sieht es ganz so aus, als dürften wir die Tatsache durchgängiger Bestimmtheit der gesamten Wirklichkeit aus den Augen lassen. Verschiedentlich ist betont worden, daß die Annahme eines allgemeinen Determinismus keine notwendige Vorbedingung für die naturwissenschaftliche Erforschung der Wirklichkeit ist und nicht einmal von den mathe-

---

[8] Vgl. Hermann *Weyl*, Philosophie der Mathematik und Naturwissenschaft, S. 148; Nicolai *Hartmann*, Philosophie der Natur, S. 406 ff.
[9] Franz *Eulenburg*, Naturgesetze und soziale Gesetze, Archiv für Sozialwissenschaft und Sozialpolitik, Bd. 32, S. 741 m. f.
[10] Vgl. Moritz *Schlick*, Die Kausalität in der gegenwärtigen Physik, Die Naturwissenschaften, Jg. 19, S. 147 m.
[11] Vgl. Nicolai *Hartmann*, Philosophie der Natur, S. 401 ff., 404 ff.; über Hartmann: Hans *Titze*, Der Kausalbegriff in Philosophie und Physik, S. 55 ff. (59 m.).
[12] Bernhard *Bavink*, Ergebnisse und Probleme der Naturwissenschaften, S. 219 m.
[13] Werner *Krawietz*, Das positive Recht und seine Funktion, S. 40 m., 42 o. Bei seinem Versuch, die Notwendigkeit aufzuzeigen, das Recht auf seine soziale Funktion hin zu untersuchen, begreift Krawietz „Funktion" im allgemeinen Sinn als so etwas wie Obliegenheit, als zu erfüllende Aufgabe.

matischen Naturwissenschaften vorausgesetzt werden muß[1]. Diese naheliegende Auffassung ist z. T. richtig. Statistische Gesetze sind *logisch* „indeterministisch"; für den Einzelfall kann aus ihnen nichts völlig Bestimmtes abgeleitet werden[2]. Insofern bleibt es gleich, ob ein Vorgang ganz oder partiell objektiv absolut zufällig oder in gleicher Weise nur subjektiv absolut zufällig abläuft. Die naturwissenschaftlichen Aussagen über ihn würden nicht sicherer werden. Aber die Hypothese, daß die Realität an sich indeterminiert sei, führt doch leicht zu dem Schluß, daß es sich in Bereichen subjektiven Zufalls oder subjektiver Freiheit nicht lohnt, weiter nach Ursachen zu forschen, nach Erscheinungen, die vom Standpunkt menschlicher Erkenntnis aus betrachtet mit größter Wahrscheinlichkeit eine bestimmte Folge nach sich ziehen. Den Verfechtern der „Willensfreiheit", die also objektive Freiheit des Menschen behaupten, liegt es allzu nahe, auf eine genaue Erfassung der Wirklichkeit zu verzichten. In vielen Fällen würde es dann zu einer vorzeitigen Preisgabe der Ursachenforschung kommen. Der Determinismus läßt demgegenüber keinen Raum für die Auffassung, daß die Realität eine gewisse „Unschärfe" aufweise[3]. Daher werden erst mit der Feststellung des allgemeinen Determinismus die Spekulationen darüber in Grenzen gehalten, daß, was die Existenz oder Nicht-Existenz notwendiger Verknüpfungen der Dinge untereinander anbelangt, wesensmäßige Verschiedenheiten zwischen dem Bereich der Natur und dem gesellschaftlichen Bereich bestehen.

§ 11 Die Induktionsproblematik

Wenn Gesetze auch niemals Kausalurteile enthalten und insofern dem Ablauf der Realität nicht völlig gerecht werden können, so beruht doch ihr Nutzen gerade darauf, daß sie in enger Verbindung zur Realität stehen. Gesetze lassen sich, wie es scheint, mittels vernünftiger Schlüsse aus der Erfahrung ableiten. Die eingangs geschilderte Komplexität behindert aber wohl die Vereinfachung und damit den Zugang zur begrifflichen Erfassung der Realität.

Mit der Behauptung, daß die Auffindung von Gesetzmäßigkeiten an den mannigfachen Auswirkungen der Komplexität im sozialen Bereich scheitert, wird unterstellt, daß wir genau wissen, wie Gesetzmäßigkeiten nur erkannt werden können und welche Voraussetzungen zu ihrer Auffindung erfüllt sein müssen. In Wahrheit ist das Problem, worauf sich

---

[1] Karl Raimund *Popper*, Falsche Propheten, S. 107; Rolf *Gruner*, Zur Problematik geschichtswissenschaftlicher Gesetze und Voraussagen, Methodos Bd. 8, S. 202 f.
[2] Vgl. Joseph M. *Bocheński*, Die zeitgenössischen Denkmethoden, S. 116 u.
[3] Vgl. Philipp *Frank*, Wahrheit — relativ oder absolut? S. 62 f.

§ 11 Die Induktionsproblematik

die zum Teil beachtliche Zuverlässigkeit physikalischer Gesetze gründet, noch keineswegs in allseits zufriedenstellender Weise gelöst. Es ist unbestreitbar, daß es bereits gelungen ist, Teile der Realität in naturwissenschaftlichen Aussagen zu erfassen. Das wird durch die Erfolge der Technik bestätigt. Es vermag aber niemand genau zu sagen, wie diese Erfolge wissenschaftstheoretisch möglich waren. Bei näherer Betrachtung des induktiven Verfahrens ist es unverständlich, daß mit seiner Hilfe naturwissenschaftliche Erkenntnisse überhaupt erarbeitet werden konnten. Dem Logiker erscheint die Auffindung von Naturgesetzen „wie ein erfolgreiches Entziffern eines chiffrierten Textes, zu dem uns doch der Schlüssel fehlt"[1].

Wenn nicht im physikalischen Bereich bereits tatsächlich Gesetzmäßigkeiten gefunden worden wären, könnte man unter diesen Umständen kaum zu der Überzeugung gelangen, daß dies möglich sei. Es ist bezeichnend, daß von *Aristoteles* allem Geschehen in der Welt diesseits des Mondes in unserer unmittelbaren Umgebung, strenge Gesetzmäßigkeit abgesprochen wurde, im Gegensatz zur Himmelswelt, deren Gleichförmigkeiten damals schon teilweise erkannt waren[2].

Da auf keinem Gebiet erwartet werden kann, daß ein gangbarer Weg deutlich sichtbar ist, der zur Auffindung von Gesetzmäßigkeiten führt, sollte niemals die Möglichkeit der Aufstellung von Gesetzen von vornherein ausgeschlossen werden. In Wirklichkeitsbereichen, wo noch keine praktisch bewährten Ergebnisse wie in der Physik vorhanden sind, entsteht wegen unseres mangelhaften Wissens zunächst zwangsläufig der Eindruck, daß auch in Zukunft kaum typische Geschehensabläufe erkennbar werden. Daher wäre es in jedem Falle unüberlegt, wenn diesem Eindruck entscheidende Bedeutung beigemessen würde.

Obwohl die systematische Stellung der Induktion im Dunkeln liegt, seien dennoch wenigstens einige Aspekte erörtert, die für die Entdeckung von Gesetzmäßigkeiten eine gewisse Bedeutung haben.

Wenn behauptet wird, daß soziale Geschehenstypen sich wegen ihrer Komplexität zu selten wiederholen, als daß jemals auf Gesetzmäßigkeiten geschlossen werden könnte, so stößt diese Argumentation in mehrfacher Hinsicht auf Bedenken.

Je komplizierter eine Erscheinung ist, um so eher läßt sich auf eine zugrunde liegende Gesetzmäßigkeit schließen, wenn sich die Erscheinung in ähnlicher Weise wiederholt. Zeigen sich in mehreren sozialen Vorgängen die gleichen typischen Strukturen, so muß dem normalerweise bedeutendes Gewicht beigemessen werden, weil die Wiederkehr kompli-

---
[1] Joseph M. *Bocheński*, Die zeitgenössischen Denkmethoden, S. 124 u.
[2] Vgl. Wolfgang *Metzger*, Psychologie, S. 244 o.

zierter Geschehensarten ohne Gesetzmäßigkeit weniger wahrscheinlich ist als bei einfachen Zusammenhängen.

In der Psychologie hat sich ferner der scheinbar paradoxe Umstand gezeigt, daß gerade bei komplizierten äußeren Bedingungen konstantere Ergebnisse erreicht wurden als bei einfachen äußeren Bedingungen. Das liegt daran, daß die zeitlich letzten Eindrücke ähnliche Reaktionsbasen schaffen, die die persönlichen Verschiedenheiten verdecken[3]. Hieraus kann geschlossen werden, daß bei Menschen, die sich in komplizierten ähnlichen Feldkonstellationen befinden, trotz charakterlicher Unterschiede, ähnliche Verhaltensweisen erwartet werden können.

Das Ausmaß der Komplexität sozialen Geschehens und ihre Auswirkungen werden im Vergleich zur Struktur physikalischer Gegenstände wahrscheinlich überschätzt. Jedes Phänomen erscheint um so komplexer, je weniger es dem Betrachter vertraut ist[4]. Übersichtlichkeit entsteht erst durch Erkenntnis der wesentlichen Faktoren.

Die verbreitete Auffassung, wonach bei der Auffindung eines Gesetzes ein Schluß von vielen ähnlichen Geschehensabläufen auf alle gleichartigen Geschehensabläufe vollzogen wird, ist nicht zufriedenstellend[5]. Ein solcher Schluß ist wenigstens nicht erforderlich. Auch auf Grund eines typischen Einzelfalles lassen sich mitunter schon Faktoren erkennen, die einen Geschehensablauf entscheidend beeinflussen, besonders, wenn andersartige Vorgänge zum Vergleich herangezogen werden. Im unterschiedlichen Ablauf des Geschehens werden diejenigen Faktoren sichtbar, die für eine bestimmte Folge wesentlich sind.

Cassirer[6] hebt hervor, daß die bloße Aneinanderreihung gleichartiger Einzelbeobachtungen dem Besonderen keine neue logische Bedeutung verleihen könnte. Jede besondere Erfahrung, die nach den objektiven Verfahrensweisen und Kriterien der Wissenschaft festgestellt ist, setze sich zunächst absolut, und bereits jegliches Einzelurteil in funktionaler Form könne ein Motiv der Unendlichkeit enthalten.

In der experimentellen Psychologie wird in zunehmendem Maße statt einer bloßen Häufung gleicher Experimente der in die Tiefe gehenden Analyse des Einzelfalles der Vorzug gegeben. Die These, daß Experimente notwendig wiederholbar sein müssen, ist dort bereits durch praktische Ergebnisse widerlegt[7].

---

[3] Kurt *Lewin*, Gesetz und Experiment in der Psychologie, S. 418 u. f.
[4] Vgl. Ernest *Greenwood*, Das Experiment in der Soziologie, in Beobachtung und Experiment in der Sozialforschung, S. 195.
[5] Vgl. Paul K. *Feyerabend*, Artikel „Wissenschaftstheorie", Handwörterbuch der Sozialwissenschaften, Bd. 12, S. 332; Klaus *Holzkamp*, Theorie und Experiment in der Psychologie, S. 9.
[6] Ernst *Cassirer*, Substanzbegriff und Funktionsbegriff, S. 326 ff.
[7] Kurt *Lewin*, Gesetz und Experiment in der Psychologie, S. 417.

§ 11 Die Induktionsproblematik

Von wesentlicher Bedeutung für die erfolgreiche Durchführung von Experimenten ist jedoch die Möglichkeit der Kontrolle möglichst aller in der Experimentiersituation vorhandenen Wirkungskräfte. Das beim Experiment herausgearbeitete Ergebnis setzt sich immer aus jenem Teil zusammen, der auf kontrollierte Faktoren zurückgeht, und aus einem anderen Teil, der auf den Fehlern beruht, die aufgrund unkontrollierter Faktoren entstanden sind[8]. Solange die unkontrollierten Faktoren entscheidenden Anteil am Ausgang des Experimentes haben, sind die erzielten Versuchsergebnisse wertlos. Hier zeigt sich nun aber deutlich die weite Anwendbarkeit des Experimentes. Eine Kontrolle der einzelnen Faktoren kann erst nach intensiver Erforschung der Strukturen erreicht werden, und die Feststellung der Unkontrollierbarkeit läßt sich niemals a priori treffen. Es ist in erster Linie eine Frage des Forschungsstandes und liegt erst in zweiter Linie am Forschungsgegenstand, inwieweit eine Kontrolle möglich ist.

Die Isolierbarkeit einer sozialen Situation von räumlich-zeitlich anliegenden Wirksamkeiten mag für die soziologische Forschung eine Schwierigkeit darstellen, ist aber in den klassischen Naturwissenschaften kaum weniger problematisch: Der Einfluß der umgebenden Atmosphäre oder der Gravitation kann beim Ablauf eines physikalischen Experiments immer ausschlaggebende Störungen herbeiführen. Durch ausgeklügelte Versuchsanordnungen können die Störfaktoren zwar auf ein Minimum begrenzt werden; sie lassen sich aber niemals völlig ausschalten.

Die Rolle des Experiments bei der Auffindung von Gesetzmäßigkeiten ist wahrscheinlich eine bescheidenere als gemeinhin angenommen wird, so daß selbst bei Unmöglichkeit experimentellen Vorgehens keine negativen Konsequenzen gezogen werden dürften. Die Astronomie hat bereits wesentliche naturwissenschaftliche Erkenntnisse gesammelt, als an ihren eigentlichen Objekten an die Durchführung von Experimenten noch nicht gedacht werden konnte[9].

Experimente besitzen nach *Popper* keinerlei logische Priorität gegenüber Theorien. Ihre Aufgabe bestehe vielmehr in der Prüfung von Theorien. Denn zunächst, so argumentiert Popper, brauchen wir eine Frage, bevor wir hoffen können, daß uns Beobachtungen oder Experimente zu einer Antwort verhelfen werden[10]. Mit Hilfe des Experiments sollen diejenigen Hypothesen frühzeitig ausgemerzt werden, die mit der Wirklich-

---

[8] Robert *Pagès*, Das Experiment in der Soziologie, in Handbuch der empirischen Sozialforschung, S. 428 u.
[9] Vgl. Herbert A. *Simon*, Administrative Behavior, S. 251 o.
[10] Karl Raimund *Popper*, Das Elend des Historizismus, S. 77; vgl. zu Poppers Wissenschaftslehre im allgemeinen: Albrecht *Wellmer*, Methodologie als Erkenntnistheorie.

keit nicht in Einklang stehen. Es spricht also einiges dafür, daß die Induktionsproblematik gar nicht in den Entdeckungszusammenhang fällt, sondern sich auf die Bewährung wissenschaftlicher Aussagen bezieht[11].

Auf den ersten Blick scheint es ein unüberwindbares Hindernis für die Aufstellung von Gesetzen zu bedeuten, daß die Tatsache der Erkenntnis und Bekanntgabe einer Gesetzmäßigkeit im sozialen Bereich auf den Ablauf des sozialen Geschehens einwirkt. Theorien über die unbelebte Natur üben auf das in ihnen dargestellte Geschehen keinerlei Einfluß aus. Bezieht sich aber eine Theorie auf ein bestimmtes zu erwartendes menschliches Verhalten, so kann diese Theorie selbst als Motiv für die betroffenen Personen in der Weise wirksam werden, daß sie sich selbst bestätigt oder daß sie das Eintreffen ihrer Annahmen verhindert[12]. Es ist aber nicht einzusehen, weshalb derartige Rückkoppelungserscheinungen nicht wenigstens zum Teil in Gesetzeshypothesen berücksichtigt werden können; sie sind selber gesetzliche Erscheinungen des Soziallebens. Im übrigen ist das Auftreten von Wechselwirkungen zwischen dem beobachteten Subjekt und dem beobachteten Objekt nicht auf die soziale Sphäre beschränkt. Zwar ist diese Wechselwirkung in der Physik meist unbeachtlich, nicht aber in der Mikrophysik, wo der Forscher nicht mehr in der Lage ist, in die Rolle des reinen Beobachters zu treten. Seine Beobachtungen werden hier vielmehr zum unabtrennbaren Bestandteil des Geschehens; immer genauere Beobachtungen vermitteln nicht etwa eine immer genauere Kenntnis des Forschungsobjektes. Wird die Kenntnis des Objekts in einer Hinsicht vermehrt, so vermindert sie sich in anderer Beziehung. Die Ergebnisse aus dem Mikrobereich stellen kein objektives Bild dar, sondern betreffen die Relationen zwischen Objekt und Subjekt[13]. Verbundenheiten zwischen Erkennendem und Gegenstand der Erkenntnis begründen demnach noch keinen Ausschluß naturwissenschaftlicher Erkenntnisweise[14].

Schon aus derartigen Überlegungen ist auch der Einwand nicht stichhaltig, im menschlichen Bereich seien Experimente sinnlos, weil das Bewußtsein der beteiligten Personen, beobachtet zu werden oder einem Experiment zu dienen, objektiv gültige Ergebnisse verhindere, abge-

---

[11] Hans *Albert*, Probleme der Wissenschaftslehre in der Sozialforschung, in Handbuch der empirischen Sozialforschung, S. 53 o.; vgl. Klaus *Holzkamp*, Theorie und Experiment in der Psychologie, S. 10.
[12] Vgl. Robert King *Merton*, Social Theory and Social Structure, S. 421 ff.; Otto *Neurath*, Foundations of the Social Sciences, S. 28 ff.; Karl Raimund *Popper*, Das Elend des Historizismus, S. 11 ff.; Hans *Albert*, Probleme der Theoriebildung, in Theorie und Realität, S. 65 f.
[13] Vgl. etwa Erwin *Schrödinger*, Was ist ein Naturgesetz? S. 23 ff. (25 m.).
[14] Vgl. Werner *Krawietz*, Das positive Recht und seine Funktion, S. 111 u. f.

§ 11 Die Induktionsproblematik

sehen davon, daß dieser Beobachtungseffekt durch die Entwicklung besonderer Techniken weitgehend vermeidbar ist.

Die in den klassischen Naturwissenschaften auftretenden Schwierigkeiten werden oftmals nicht beachtet oder unterschätzt, weil niemand mehr ernsthaft bestreiten kann, daß trotz der Schwierigkeiten irgendwie eine fortschreitende Entschlüsselung der Natur gelingt, und weil es verhältnismäßig leicht fällt, immer wieder einigermaßen zuverlässige Ergebnisse zu ermitteln, wenn erst einmal geeignete Beobachtungstechniken entwickelt worden sind. Wo dies jedoch noch nicht gelungen ist, wird den Schwierigkeiten, weil man ihnen Beachtung schenken muß, eine allzu große Bedeutung zugemessen. Prinzipielle Grenzen für eine naturwissenschaftliche Denkweise im sozialen Bereich sind insoweit nicht zu erkennen.

Vierter Abschnitt

Die Eigenart naturwissenschaftlicher Aussagen

Wer sich hiernach davon überzeugen läßt, daß sich über rechtlich relevante Sachverhalte, da sie einen Teil der sozialen Erscheinungen ausmachen, naturwissenschaftliche Aussagen treffen lassen, wird sich des Eindrucks kaum erwehren können, daß die in dieser Art gewonnenen Erkenntnisse dennoch einem Vergleich mit den Erkenntnissen der klassischen Naturwissenschaften nicht standhalten und im Grunde einen völlig anderen Charakter besitzen werden. Vollkommene Exaktheit erscheint bei derart differenzierten Erscheinungen, wie sie die Soziologie im allgemeinen und die Rechtssoziologie im besonderen vorfinden, niemals erreichbar. Sonnen- und Mondfinsternisse sind über Jahrhunderte hinweg berechenbar; es ist unvorstellbar, daß der Erlaß eines bestimmten Rechtsgesetzes mit auch nur annähernd ähnlicher Präzision vorhersagbar ist. Etwaige Gesetzesaussagen über soziale Erscheinungen würden wohl nur bedingte Geltung beanspruchen können, nicht ausnahmslos gültig sein, die einzelnen Voraussetzungen ständig ergänzungsbedürftig bleiben. Solche Aussagen könnten niemals die Behauptung enthalten, daß die Entwicklung unter allen Umständen auf einen bestimmten Punkt zusteuert, sondern sie müßten immer an bestimmte Bedingungen geknüpft bleiben. Der praktische Wert derartiger Aussagen wird aber insofern entscheidend gemindert, als sie nicht angeben, wann und ob die von ihnen geforderten Bedingungen erfüllt sind[1]. Selbst wo es also möglich ist, eine formal gesehen naturwissenschaftliche Theorie über soziales Geschehen aufzustellen, taucht die weitere Schwierigkeit auf, die Theorie richtig anzuwenden, d. h. festzustellen, ob ihre Voraussetzungen im konkreten Fall verwirklicht sind.

§ 12 Die mögliche Exaktheit der Rechtssoziologie

Exaktheit wird gern als lobende Bezeichnung für die klassischen Naturwissenschaften verwendet. Die Gegenstände von Astronomie, Physik, Chemie sind unbelebt; daß auch in der belebten Natur exakt Meß-

---

[1] So Rolf *Gruner*, Zur Problematik geschichtswissenschaftlicher Gesetze und Voraussagen, Methodos Bd. 8, S. 207 u.

bares existiert, erscheint zweifelhaft. Willensäußerungen werden oft als ein Musterbeispiel dessen angeführt, was sich jeder Mengen-, Größenbestimmung entzieht. Die Sachverhalte des menschlichen Bereichs haben anscheinend keine genügende Festigkeit, um exakt bestimmt werden zu können. Spezifisch Menschliches und Rechtliches besitzt qualitative Individualität. Jeder Versuch einer quantitativen Erfassung scheint das Untersuchungsobjekt nicht erreichen zu können, ins Leere zu treffen und deshalb sinnlos zu sein.

1. Der Begriff der Exaktheit
(ideale und real-bedingte Exaktheit)

Wird eine Wissenschaft als „exakt" bezeichnet, so geschieht dies mitunter mit Einschränkungen, die keineswegs auf klare Verhältnisse schließen lassen.

Lorenzen nennt im Einklang mit dem üblichen Sprachgebrauch diejenigen Wissensdisziplinen exakt, die — mit Aussicht auf Erfolg — ihr Endziel in mathematischen Theorien sehen[1]. Die formale Logik wird der Mathematik gleichgestellt. In der Soziologie befänden sich, soweit sie zur Naturwissenschaft gehörte, Gebiete exakter Forschung[2].

Die Naturgesetze der Physik bezeichnet *Morgenstern*[3] aber als grundsätzlich unexakt, in dem Sinne, daß sich stets Ausnahmen denken ließen, ohne daß dadurch ein logischer Widerspruch entstünde.

Eulenburg[4] spricht von einer nur relativen Exaktheit der Naturgesetze, da in Erfahrungsdaten von absoluter Gewißheit und Evidenz keine Rede sein könne.

Bedenklich ist die Formulierung von *Reigrotzki*[5], erkenntnistheoretisch sei nicht die exakte Formel entscheidend, vielmehr die Herstellung der exakten Tatsache. Das hört sich so an, als könne eine Tatsache für sich allein exakt sein. Der Realität selbst kommt aber niemals auch nur mehr oder weniger Exaktheit zu; denn Voraussetzung für diesen Sachverhalt ist immer wenigstens eine teilweise Glättung der Wirklichkeit durch Abstraktion.

---

[1] Paul *Lorenzen*, Die Entstehung der exakten Wissenschaften, S. 10 o.
[2] Paul *Lorenzen*, a.a.O., S. 11 m.
[3] Oskar *Morgenstern*, Logistik und Sozialwissenschaften, in Logik der Sozialwissenschaften, S. 316 o.
[4] Franz *Eulenburg*, Naturgesetze und soziale Gesetze, Archiv für Sozialwissenschaften und Sozialpolitik, Bd. 31, S. 762 m.
[5] Erich *Reigrotzki*, Exakte Wirtschaftstheorie und Wirklichkeit, S. 32 o., S. 146 o.

Ähnlich irreführend ist seine Äußerung an anderer Stelle[6], die sogenannten Naturgesetze gälten in der künstlichen Welt des Laboratoriums völlig exakt, und zwar nur dort, während sie in der Natur meist nur in ganz grober — qualitativer — Annäherung nachweisbar seien.

Eine derart betonte Gegenüberstellung ist logisch nicht gerechtfertigt. Nicht nur in der freien Natur, sondern auch in Versuchsanordnungen können die quantitativen Bedingungskonstellationen von Naturgesetzen immer nur annähernd so genau verwirklicht werden, wie die im Gesetz beschriebenen Idealbedingungen.

Aus den angeführten Beispielen läßt sich die häufig schwer sichtbare widersprüchliche Verwendung der Bezeichnung „exakt" bereits ablesen. Es muß versucht werden, die auftretenden Unklarheiten durch eine begriffliche Neuorientierung zu beseitigen.

Obwohl das Wort „Exaktheit" im lateinischen Sinn mehr auf einen realen Bezug hinweist, liegt sein Akzent heute auf „Genauigkeit", einer genauen Übereinstimmung (gleichartiger Gebilde, die auch ideell beschaffen sein können, und folglich auch auf der Verwendung mathematischer Denkschablonen). Dabei wird noch nicht ganz deutlich, daß es zwei systematisch auseinanderzuhaltende Begriffe von Exaktheit gibt.

Kompromißlos exakt im Sinne einer totalen Übereinstimmung können nur Idealwissenschaften sein, weil sie ausschließlich mit Abstraktem arbeiten, das mit sich selbst völlig identisch bleibt (ideale Exaktheit); der Benutzung geometrischer Figuren kommt dann die Bedeutung von Hilfsmitteln zu, die als Abbilder des idealen gleichbleibenden Seins die abstrakten Gebilde veranschaulichen sollen.

Demgegenüber kann bei den Realwissenschaften Exaktheit noch in einem ganz anderen Sinn gemeint sein, nämlich bezogen auf das Verhältnis zur Wirklichkeit (real-bedingte Exaktheit). Der Unterschied zur idealen Exaktheit verhält sich wie totale Übereinstimmung zu notwendiger Nichtübereinstimmung. Streng genommen kann man in dieser Hinsicht also überhaupt nicht von Exaktheit schlechthin, sondern nur von mehr oder weniger großer Exaktheit sprechen. Es ist deshalb irreführend, Physik, Chemie, Astronomie ohne Abstufung an die Seite der Mathematik zu stellen, nur weil oder soweit sie mathematisiert sind. Gerade auf denjenigen Gebieten ist eine mangelhafte (real-bedingte) Exaktheit von spürbarer Bedeutung, wo die ideal-exakte Mathematik zur Bearbeitung der gewonnenen Erkenntnisse verwendet wird. So entstehen in allen gegenständlichen Disziplinen bei größenmäßiger Bestimmung ihrer Objekte für die Übertragung auf mathematische Formeln Inkongruenzen zwischen Dingen und Zahlenwerten. Denn Meßergeb-

---

[6] Erich *Reigrotzki*, a.a.O., S. 24 m.; vgl. S. 250, S. 29 m.

nisse, um die es meist geht, können nur mittels menschlicher Erfahrung gewonnen werden, weil Wirklichkeit nicht nahtlos in abstrakte Strukturen übergeht. Der Eindruck von Exaktheit entsteht hier nur, weil bzw. solange keine prinzipiellen Grenzen in der Annäherung an die Wirklichkeit erkennbar sind.

Es ist nunmehr ersichtlich, daß die Bezeichnung exakt für die mathematisierten Bereiche der Naturwissenschaften in zweierlei Bedeutung gemeint sein kann: Einmal kann dort von der unvollkommenen realbedingten Exaktheit, die bei der größenmäßigen Bestimmung hervortritt, gesprochen werden und zum anderen von der idealen Exaktheit des mathematischen Lösungsweges. Freilich wird eine Vermengung der Begriffe leicht dadurch bewirkt, daß das eine häufig vom anderen abhängig ist, daß es im Falle der Meßbarkeit nicht mehr weit ist zu mathematischen Verfahren und daß umgekehrt mathematische Methoden zu immer genauerem Messen anspornen.

2. Die Exaktheit des Messens und des Zählens

Messen und Zählen nehmen in den Naturwissenschaften eine zentrale Stellung ein. Denn diese beiden Verfahren dienen der Feststellung, was ist.

„Bestimmung einer Größe" bzw. „Bestimmung einer Anzahl" sind lediglich sehr grobe Umschreibungen für Messen und Zählen, die weder einen ausreichend umrissenen Ausgangspunkt für die Beantwortung der Frage hergeben, welche Dinge meßbar oder zählbar sind, noch ihr unterschiedliches Verhältnis zur Genauigkeit ahnen lassen.

Messen, die Bestimmung einer Größe, ist die Übertragung einzelner als mehrfach vorkommend betrachteter Elemente der Wirklichkeit auf die Zahlenordnung, die (jeweils nach dem zu Messenden) an einen gleichartigen Teilbereich der Wirklichkeit geheftet ist. Für die Festsetzung von Maßeinheiten wird der an sich leeren Zahlenreihe ein empirischer Gehalt zugeordnet, dessen Inhalt durch Konvention bestimmt wird.

Die bereits angedeutete immer nur annähernde Genauigkeit der Meßergebnisse entsteht praktisch außer durch die begrenzte Unterscheidungsfähigkeit der menschlichen Sinnesorgane auch wegen der Unvollkommenheit der Meßinstrumente.

Im Hinblick auf die Genauigkeit ganz anders steht es beim Zählen. Wenn *Juhos*[7] das Abzählen kleinster Teilchen unter den Begriff Messen bringen will, so verdunkelt er dadurch einen bedeutsamen Unterschied:

---

[7] Béla *Juhos*, Welche begrifflichen Formen stehen der empirischen Beschreibung zur Verfügung? in Probleme der Wissenschaftstheorie, S. 129 u.

Wird die Ausdehnung eines Körpers aus der Anzahl seiner Moleküle bestimmt, so kann die Zahlenangabe vollkommen genau sein. Obwohl beim Zählen ebenso wie beim Messen Bereiche der Realität auf eine Zahlenordnung übertragen werden, können Mengen ideal-exakt bestimmt werden, trotz der Unzulänglichkeit aller menschlichen Erfahrung.

Theoretisch kommt die Ungenauigkeit der Meßergebnisse einmal durch einen doppelten Bezug auf die Wirklichkeit zustande: Die Zahlenreihe, auf der das Meßobjekt abgebildet wird, ist fest verknüpft mit einem Normobjekt, das die Maßeinheit vorschreibt, was zu Unstimmigkeiten wegen der Verschiedenheit auch aller gleichartigen Objekte führt. Zum anderen werden beim Messen einzelne Dimensionen des Objekts unmittelbar in ihrer Kontinuität erfaßt, was dazu führt, daß die Zahlenordnung, obwohl an sich unerschöpflich, wegen ihrer endlichen Verwendbarkeit durch den Forscher den unbegrenzt differenzierten Größen nicht mehr gerecht wird und daß die immer relativ konstanten Meßergebnisse nicht alle ständigen kleinsten Veränderungen des Objekts wiedergeben können.

Demgegenüber wird beim Zählen von Ganzheiten ausgegangen, die, ungeteilt gelassen, mit ihrer Gesamtstruktur in die Zahlenreihe aufgenommen werden. Körperliches wird in weitgehend anschaulich abgegrenzten Einheiten gezählt. Die Zahlenreihe, losgelöst von allen Dingen, wird mit den einzelnen Gegenständen stufenweise ausgefüllt, wobei die Gliederung des ideellen Seins in abstrakte Zählstufen absoluten Vorrang hat.

Über einzelne Dimensionen wird nur dann etwas, jedoch weniger als beim Messen, ausgesagt, wenn sie als Merkmal des zu Zählenden fungieren. Die festgesetzten Merkmale, nach denen darüber entschieden werden soll, was mitgezählt wird, besitzen im Hinblick auf die Anzahl eine gewisse Konstanz; die stetigen Veränderungen an den Erscheinungen führen, auch wenn sie die durch die Merkmalsbestimmung als wesentlich hervorgehobenen Teile betreffen, nicht zu einer entsprechend stetigen Schwankung des genau zutreffenden Anzahlwertes. Eine Verminderung des Anzahlwertes tritt erst dann ein (dann aber sprunghaft), wenn die Veränderung der Erscheinung das Hinzukommen eines durch Definition ausgeschlossenen Kriteriums bedeutet, oder, was häufiger ist, den Untergang eines bisher vorhandenen Merkmals. Entsprechend Entgegengesetztes gilt für die Vergrößerung der Anzahl. Der Zählende kann über die An- und Abwesenheit der definierten Merkmale nur mit einem Entweder-oder ohne Zwischenwerte entscheiden. Bei dieser Entscheidung können (müssen aber nicht) Ungenauigkeiten auftreten, besonders dann, wenn verlangte Merkmale nicht eindeutig genug vorhanden sind, so daß zweifelhaft ist, ob sie etwa schon aus dem Zählbereich herausfallen.

§ 12 Die mögliche Exaktheit der Rechtssoziologie

3. Die exakte Erfaßbarkeit geistig-seelischer Vorgänge

Nach dieser unbedingt erforderlichen begrifflichen Klärung können wir nunmehr daran gehen, zu untersuchen, inwiefern die Rechtssoziologie im einzelnen als exakt bezeichnet werden darf, bzw. ob zu erwarten ist, daß sie im weiteren Verlauf ihrer Entwicklung einmal zu den exakten Wissenschaften gerechnet werden kann.

Wesentliche Faktoren der Rechtsrealität sind psychischer Natur (vgl. z. B. Interessen, Gewissen; politisches Machtstreben, Rechtsgehorsam). Daher wird die Exaktheit der Aussagen über das soziale Ordnungsgefüge von dem Umfang der Kenntnisse über die wirksamen geistig-seelischen Vorgänge abhängen.

Soziale Theorien könnten aber schwerlich auf einen festen Boden gestellt werden, wenn der geistig-seelische Teil des Menschen ausschließlich als übersinnliches Gebilde betrachtet wird, ohne Ausdehnung, daher nicht unmittelbar erfahrbar, als etwas, worüber allenfalls Religion und metaphysische Philosophie eine Vorstellung geben können. Diese extreme Position ist aus wissenschaftlicher Perspektive wiederholt vertreten worden: „Das Wollen können wir nicht objektiv wahrnehmen, geschweige denn messen." Daraus wird konsequent der Schluß gezogen: „Wenn in einer Bewegung des Menschen Wille eine Rolle spielt, so hört diese Bewegung auf, Objekt der Wissenschaft zu sein[8]."

Rümelin[9] gibt für seine These, im Bereich unseres Seelenlebens ließe sich nichts zählen, messen oder berechnen, die Begründung, alles Zählen habe zu seiner Voraussetzung den Begriff der Einheit. „Unsere ganze innere Erfahrung bietet uns aber keinen einzigen Vorgang, den wir in dem Sinne als einfach, als ein Eins betrachten könnten, daß irgend ein anderer Vorgang als dessen Mehrfaches oder Bruchteil erschiene[10]."

Zu dieser Ansicht ist zunächst abgrenzend festzustellen, daß sie sich nicht gegen statistische Erhebungen richten kann. Da Gezähltes in seiner Einheit unberührt bleibt, läßt sich Individuelles als Ganzes immer zählen, sogar mit besonderer Genauigkeit, wie sich bei der Gegenüberstellung mit dem Messen gezeigt hat. Die quantitative Methode des Zählens ist auf dem Gebiete des sozialen Lebens nicht weniger zuverlässig als in den übrigen Bereichen der Natur. Wo Merkmale durch subjektive Elemente gebildet werden, sind die Erscheinungen häufig sogar übersichtlicher, weil ihre Bedeutung aus Willensäußerungen und Stellungnahmen

---

[8] August *Stadler*, Die Grundbegriffe der Erkenntnis, S. 183.
[9] Gustav *Rümelin*, Über Gesetze der Geschichte, in Reden und Aufsätze (Neue Folge), S. 118 ff.; ihm zustimmend Fr. J. *Neumann*, Naturgesetz und Wirtschaftsgesetz, Zeitschrift für die gesamte Staatswissenschaft, Jg. 48, S. 405 (437).
[10] Gustav *Rümelin*, a.a.O., S. 120 u. f.

abgelesen und verstanden werden darf. Von der Rechtsordnung werden Merkmalsvoraussetzungen meistens bereits entschieden dargeboten, so daß die Bewertung zweifelhafter Fälle von ungewissen Einstufungen beim Zählen weitgehend unabhängig ist.

Im übrigen geht die Argumentation von *Rümelin*, soweit sie sich auf das Messen im Bereich unseres Seelenlebens bezieht, von einer falschen Vorstellung über das aus, was Messen heißt, wie aus der hier vorgetragenen Begriffsabgrenzung unschwer zu ersehen ist. Physische Erscheinungen haben den psychischen in bezug auf den von *Rümelin* hervorgehobenen Aspekt nichts voraus; sie werden gemessen, obwohl kein Teil als „ein Eins" betrachtet wird. Maß-„einheiten" sind für jedes konkrete gemessene Objekt nichts Einfaches, das in ihm enthalten ist, sondern willkürlich bestimmt. Auch lassen sich einzelne seelische Vorgänge in ihrer Art von anderen unterscheiden. Abstufbares gibt es an den verschiedensten Stellen[11].

a) Das Qualitative und das Quantitative

Die Verwendung quantitativer Verfahren bei der Erfassung sozialer Tatbestände wirkt besonders problematisch, weil psychische Erscheinungen entscheidenden Anteil am Sozialleben haben. Das Psychische wird häufig für etwas so ausgeprägt Qualitatives gehalten, daß jeder Versuch der Quantifizierung scheitern müsse[12].

Messen läßt sich zwar als Vergleich auffassen, als Vergleich mit einem Dritten, dem Normobjekt, und es kann nicht bestritten werden, daß wesentliche soziale Tatbestände miteinander verglichen werden können. Im Zusammenhang mit dem Verfahren der Vergleichung qualitativer Einheiten spricht *Natorp* von qualitativem Messen[13], und *König* versteht die quantitative Auswertung als „spezifische Form der vergleichenden Betrachtung"[14]. Aber bei genauerer Prüfung läßt sich mit diesem Ansatz der Gegensatz zwischen Qualität und Quantität nicht so leicht auflösen. Es bleibt nämlich insofern weiterhin ein Unterschied bestehen, als beim üblichen Vergleichen unter dem Gesichtspunkt des Quantitativen mehr auf die Verschiedenartigkeit der Objekte geachtet wird, während beim Vergleichen, das im Messen enthalten ist, der Akzent auf den Übereinstimmungen liegt. Dieser Umstand verführt leicht zu der Meinung, daß

---

[11] Vgl. William *Stern*, Allgemeine Psychologie auf personalistischer Grundlage, S. 84 u.

[12] So z. B. Ludwig *Binswanger*, Einführung in die Probleme der allgemeinen Psychologie, S. 76 ff. (90 o.), der eine scharfe Trennung des Psychischen von der Natur fordert (S. 91).

[13] Paul *Natorp*, Die logischen Grundlagen der exakten Wissenschaften, S. 88 u.

[14] René *König*, Beobachtung und Experiment in der Sozialforschung, S. 26.

§ 12 Die mögliche Exaktheit der Rechtssoziologie

es ohne viel Mühe möglich sei, Strukturen der Wirklichkeit quantitativ zu bestimmen, weil die Suche nach Unterschieden sorgfältigere Untersuchungen erfordere, wogegen ein nicht differenzierendes Denken sehr bald Gemeinsamkeiten fände, und der Versuch, (quantitative) Messungen durchzuführen, wird dann zu früh aufgegeben. Mit dieser Art von oberflächlichem Gleichheiten-Sehen läßt sich aber in keiner Wissenschaft etwas anfangen. In Wahrheit ist es so, daß gerade die Erfassung von Quantitäten meist intensives Forschen voraussetzt, weil eine Zergliederung der Dinge und Isolierung einzelner maßgerechter Strukturen von ihrer Mannigfaltigkeit überdeckt wird. Bei verwickelten Sachverhalten erkennen wir daher nur überall dort Quantitäten, wo wir es gelernt haben, sie zu sehen. Überraschend bleibt es jedoch immer, wenn sich durch Sinne vermittelte Empfindungen wie Farbtöne durch Wellenlängen kennzeichnen lassen. Daß sich Hell-Dunkel-Unterschiede auf derselben Skala abbilden lassen, ist noch leicht einzusehen, daß aber Rot und Blau, die als qualitativ völlig verschieden erscheinen, in einer und derselben Maßeinheit bestimmt werden können, ist dem Beschauer kaum ohne weiteres verständlich.

Hieraus ist zu ersehen, daß der Unterschied zwischen Qualität und Quantität nicht in der Natur vorgegeben ist, sondern erst durch besondere Untersuchungsmethoden, und zwar an beliebigen Erscheinungen und Seiten der Wirklichkeit, erzeugt wird[15]. Aus dem Beispiel der Chemie ist erkennbar, daß Vorgänge, von denen man noch zu wenig weiß, nur so gesehen werden, wie sie sinnlich erlebt werden, d. h. qualitativ. Bis ins vorige Jahrhundert hinein glaubte man, daß zwischen Chemie und Physik wesentliche Unterschiede bestünden. Die noch nicht mathematisierte Chemie sah man als Wissenschaft von den qualitativen Veränderungen an, während sich die Physik auf die quantitativen Veränderungen beschränken sollte[16]. Es ist ohne weiteres einleuchtend, daß sich in jeder Wissenschaft ein entsprechender Standpunkt hemmend auf die Entwicklung auswirken kann.

Irreführend ist es, von „Quantifizierung" zu sprechen[17], weil dadurch leicht der Eindruck entstehen kann, daß Qualitäten als Wesenseigenschaften auftreten, denen erkenntnistheoretisch ein Primat zukommt, während sie in Wahrheit doch nur das vom Menschen in zeitlicher Hinsicht primär Gesehene darstellen.

---
[15] Vgl. hierzu Hans *Albert*, Probleme der Wissenschaftslehre in der Sozialforschung, in Handbuch der empirischen Sozialforschung, S. 41 u. f.; Erwin K. *Scheuch*, Skalierungsverfahren in der Sozialforschung, in Handbuch der empirischen Sozialforschung, S. 349 u. f., Soziologie und Statistik, in Logik der Sozialwissenschaften, S. 351 u.; J. A. *Lewada*, Exakte Methoden in den Gesellschaftswissenschaften, Sowjetwissenschaft 1965, S. 16 m.
[16] Vgl. Philipp *Frank*, Wahrheit — relativ oder absolut? S. 50.
[17] Vgl. Erwin K. *Scheuch*, Skalierungsverfahren in der Sozialforschung, in Handbuch der empirischen Sozialforschung, S. 349 f.

b) Die Messung der Intelligenz als Beispiel quantitativer Bestimmung geistig-seelischer Vorgänge

Daß alle Erscheinungen, also auch psychische Gehalte, prinzipiell auch quantitativ aufgefaßt werden können, ergibt sich nicht mehr nur aus theoretischen Überlegungen, sondern läßt sich auch anhand neuerer Ergebnisse der Testpsychologie, die auf die Lösung der vorliegenden Problematik spezialisiert ist, darlegen. Die Behauptung, geistig-seelische Vorgänge seien nicht meßbar, ist so beschaffen, daß ein einziges treffendes abweichendes Beispiel zur Widerlegung ausreichen würde.

Zur Veranschaulichung quantitativen Vorgehens in der Psychologie erscheinen die quantitativen Verfahren bei der Messung der menschlichen Intelligenz am besten geeignet. Für die Gewinnung des Intelligenzmaßes werden dabei intellektuelle Leistungen bei Ausführung von Testaufgaben nach Güte, Menge oder Schnelligkeit bewertet[18]. Im Wechsler-Bellevue-Intelligenztest wird in einer verbalen Gruppe der Einzeltests u. a. die Fähigkeit untersucht, Gemeinsamkeiten zwischen zwei konkreten Objekten zu finden oder Zahlen vor- und rückwärts nachzusprechen. Bei den sogenannten Handlungstests soll der Prüfling z. B. eine zerschnittene Figur aus den Teilen wieder zusammensetzen, vorgeschriebene Symbole einer Zahlenreihe zuordnen.

Das abschließende Intelligenzmaß wird durch mehrfache Verwendung eines arithmetischen Verfahrens gewonnen[19]. Es besteht aus der Zuordnung einer bewertend differenzierenden Zahl zu jeder richtigen Antwort in den Untertests; dann aus der Addition der so erhaltenen Teilpunkte zu einer Summe. Dabei ist wesentlich und es beweist die konsequente Durchführung quantitativen Denkens, daß gleiche Summen als äquivalent behandelt werden, ohne Rücksicht auf das Wesen der einzelnen Testaufgaben. Diese Methode erlaubt die „Errechnung" eines Intelligenzquotienten, wobei der erzielte Punktwert der getesteten Person in Verhältnis zum erwarteten mittleren Wert der betreffenden Altersstufe gesetzt wird. Die große Bedeutung des Intelligenzquotienten liegt darin, daß er mitteilt, wie klug ein Individuum verglichen mit einem anderen seines Alters ist, wobei der Quotient als Indexzahl vom Alter des Individuums, in dem die Leistung erreicht wird, unabhängig ist[20]. Eine derartige Messung der Intelligenz hat nicht nur eine Reihe neuer Erkenntnisse über die Struktur der Intelligenz erbracht, sondern sie hat sich auch in praktischer Hinsicht bewährt, besonders in bezug auf Schnelligkeit und Zuverlässigkeit der Beurteilung, was die Richtigkeit des eingeschlagenen Weges beweist. Ein gut ausgebildeter Psycho-

---

[18] David *Wechsler*, Die Messung der Intelligenz Erwachsener, S. 15 o.
[19] David *Wechsler*, a.a.O., S. 190 ff.
[20] David *Wechsler*, a.a.O., S. 36 f.

loge kann Schulkinder nach einer Stunde standardisierten Testens oft besser einstufen als ein Lehrer, der die Kinder bereits viele Monate hindurch täglich unter Beobachtung hatte[21].

Wer nun die angedeuteten Testaufgaben kritisch betrachtet, könnte zu dem Schluß kommen, was gemessen wird, sei lediglich die Summe einzelner intellektueller Fähigkeiten, nicht aber geistig-seelische Gehalte selbst, also auch nicht die allgemeine Intelligenz selbst.

Diese Beurteilung ist einerseits zutreffend, verkennt aber andererseits Zielrichtung und Intensität jeglichen Messens. Streng genommen wird über die eigentliche Beschaffenheit der Intelligenz so gut wie nichts ausgesagt[22]. Bei gleicher Akribie ließe sich aber nachweisen, daß physikalische Erscheinungen, wie die Elektrizität, schon dann als quantitativ bestimmt gelten, wenn ihre Auswirkungen bekannt sind. Unsere Messungen der Elektrizität sind Aufzeichnungen magnetischer, chemischer, thermischer Veränderungen, wobei diese Auswirkungen, auch wenn sie noch so genau erfaßt werden könnten, mit dem Wesen der Elektrizität nicht identisch sind. Dementsprechend müssen seelische Bereiche schon dann als hinreichend quantitativ bestimmt gelten, wenn bekannt ist, wieviel sie zu tun befähigen.

Wenn man durch Messungen von den Objekten nur erfährt, was sie in Bewegung zu setzen vermögen, so mag das als sehr wenig erscheinen; immerhin konnten aber die so von der physischen Wirklichkeit erhaltenen Informationen eine ausreichende Grundlage für die Entwicklung der Technik bilden, ohne daß bekannt zu sein brauchte, was die Materie im Innersten ausmacht.

4. Die Exaktheit der Begriffsbildung

Der wesentlichste Umstand, weshalb eine Wissenschaft den Eindruck mangelnder Exaktheit macht, ist der, daß Wörter mit sehr unterschiedlichen und teilweise miteinander unvereinbaren Auslegungen verwendet werden, während logische Begriffe als Gegenstände des idealen Seins doch eigentlich ideal-exakt sein könnten. Dem laufenden Wechsel und der vielfältigen Verflechtung rechtssoziologischer Zusammenhänge steht das Postulat durchgängiger Konstanz und vollkommener Bestimmtheit der Begriffe gegenüber. Ungenauigkeit in jeder rechtssoziologischen Erkenntnis scheint unter diesen Umständen eine logische Konsequenz zu sein; es besteht auch tatsächlich ein entsprechender Zusammenhang. Die Ungenauigkeit ist aber, wie sich zeigen wird, nicht unvermeidbar und

---

[21] David *Wechsler*, a.a.O., S. 24.
[22] William *Stern*, Allgemeine Psychologie auf personalistischer Grundlage, S. 85 o.

rührt daher, daß die Rechtssoziologie noch kaum allgemein anerkannte und festgefügte Begriffe kennt.

In der Auswahl und der einheitlichen Zusammenfassung einzelner Merkmale an den Dingen unter einen Begriff ist der Wissenschaftler grundsätzlich frei. Physikalische Maßeinheiten wie Gramm, Zentimeter, Sekunde, Grad sind nicht etwa der Ausdruck für eine in der Natur vorgefundene durchgehende Gliederung. Bei Temperaturangaben sind die als Eckpunkte einer Wärmeskala gewählten Aggregatzustände des Wassers auf andere Stoffe ebenso willkürlich bezogen, wie das Quantum der Abstufung von Grad zu Grad. Präzision wird hier durch bloße Übereinkunft erreicht bzw. durch Erkennbarkeit davon abweichender Systeme.

Die Erkenntnis und Berücksichtigung allgemeinerer natürlicher Strukturen des Forschungsgegenstandes im Naturablauf bedeutet nicht Erhöhung der Genauigkeit, vielmehr nur Vereinfachung der Naturbeschreibung. Die Einführung des absoluten Nullpunktes als Ausgangspunkt der Temperaturskala, die nur noch die Maßeinheit nicht aber mehr den Nullpunkt willkürlich läßt, macht damit zusammenhängende Gesetze übersichtlicher. Die Verwendung der Null für die Abwesenheit von Molekularbewegung ist eine erkennbar gut gelungene mathematische Kennzeichnung einer Struktur. Sie schließt eine Naturbeschreibung mit ein, verbessert aber für sich allein dennoch nicht die Genauigkeit der anhand der vereinfachten physikalischen Gesetze gewonnenen Resultate.

Planetenbewegungen könnten nach einem geozentrischen System ebenso exakt berechnet werden wie nach dem heliozentrischen. Aber die Bahngesetze müßten unverhältnismäßig viel komplizierter formuliert werden.

Daraus wird deutlich, was für jegliche Erfassung der Wirklichkeit, also auch schon für die Begriffsbildung gilt, daß Aussagen über verwickelt erscheinende Vorgänge bei Berücksichtigung naturgesetzlicher Strukturen überschaubarer werden. Auf diese Überschaubarkeit ist die Rechtssoziologie wegen ihres ohnehin verwickelten Gegenstandes in besonderem Maße angewiesen. Das geht, so paradox dies auch klingen mag, teilweise nur auf Kosten der Präzision.

Das Fortschreiten wissenschaftlicher Forschung wird beherrscht durch die wechselseitige Abhängigkeit von Naturerkenntnis und exakter Begriffsbildung.

Einerseits ist die Herausbildung eines prägnanten Begriffsapparates, in dem beachtet wird, was als Einheit betrachtet werden darf, von welchem Standpunkt aus die brauchbarsten Anknüpfungspunkte sichtbar werden oder welche Erscheinungen gleich benannt werden dürfen, nicht ohne eine wenigstens teilweise Ergründung des Forschungsgebietes möglich. Andererseits setzt aber die Fixierung und Mitteilung von Forschungsergebnissen und Hypothesen eben jenen Begriffsapparat voraus.

§ 12 Die mögliche Exaktheit der Rechtssoziologie

Ein Ausweg aus der gegenseitigen Bedingtheit von Naturerkenntnis und Begriffsbildung kann nie durch eine von vornherein verbindliche aber die Realität nicht berücksichtigende Terminologie erzwungen werden. Hierdurch könnte zwar prinzipiell ein Teil der gewünschten Exaktheit erreicht werden, was dem Verständnis der Wissenschaftler untereinander eigentlich nur förderlich sein könnte. Aber ein unglücklich gewählter Begriffsinhalt führt zu einer „Verkomplizierung" der Aussagen und zur Verschleierung der wesentlichen Faktoren der Wirklichkeit. Selbst bei den willkürlichen Festsetzungen von Maßeinheiten in der Physik ließ man sich bei ihrer Einführung weitgehend von Gesichtspunkten leiten, die ihre Brauchbarkeit für die Anwendung auf natürliche Strukturen betrafen. Besonders beim Eindringen in kompliziertere Sachverhalte erweist sich eine nur provisorische Begriffsbildung als unumgänglich. Meist sind langwierige Forschungen erforderlich, bevor mit genügender Sicherheit erkennbar wird, daß bestimmte Merkmalsgruppen wiederholt gemeinsam auftauchen und deshalb vereinfacht zu einem einzigen Begriff zusammengefaßt werden dürfen. Beim Vorstoß in neue Gebiete wird ein den individuellen Auffassungen des Forschers angepaßtes Vokabular, das nach seiner Meinung Zusammengehöriges vereinigt und zu Unterscheidendes trennt, sehr zweckmäßig sein. Aber selbst wenn es sich bewährt, braucht es eine lange Zeit, bis es sich in festumrissenen Begriffen eingebürgert hat.

Deshalb kann das Ziel, ein festes Gerüst deutlich abgegrenzter Begriffe zu erarbeiten, erst so unglaublich spät erreicht werden, daß voreilige Beurteilungen des Charakters einer Wissenschaft leicht zu einem falschen Bild führen. Am Beginn ihrer Entwicklung ist jede Wissenschaft suchend damit beschäftigt, parallel mit ihren Erkenntnissen die aus dem Alltag übernommenen oder von ihr geprägten Wörter mit einem Bedeutungsgehalt zu versehen, durch den am einfachsten wahre Aussagen formuliert werden können. Die dabei auftretenden Unsicherheiten kommen ebenso in älteren exakt genannten Wissensdisziplinen beim Betreten von Neuland vor.

5. Die mathematische Exaktheit

Mathematische Denkmodelle können ohne genormtes Vokabular und gegenstandsadäquate Begriffsbildung kaum eingesetzt werden. Sollen Theorien über soziales Verhalten exakt formuliert werden und daraus anhand formaler Ableitungen Folgerungen gezogen werden, so müssen an die Prägnanz der Begriffe hohe Anforderungen gestellt werden. Gegenwärtig ist deshalb eine derartige Verwendung der Mathematik als Werkzeug theoretischen Denkens mehr Hoffnung als Wirklichkeit[23].

---

[23] Vgl. Leon *Festinger*, Die Bedeutung der Mathematik für kontrollierte Experimente in der Soziologie, in Logik der Sozialwissenschaften, S. 337.

Das braucht aber aus verschiedenen Gründen nicht zu bedeuten, daß die Entwicklung einer „sozialen Mathematik" für immer unmöglich sein wird. Es ist viel schwieriger, ganze Aussagesysteme in ihrer logischen Verzahnung möglichst einfach zu präzisieren, als einzelne Dinge nach ihren Eigenschaften zu definieren. Für ein endgültiges negatives Urteil ist weder der Forschungsstand in den Gesellschaftswissenschaften genügend fortgeschritten, noch läßt sich ausschließen, daß die Mathematik neue, speziell für die Erforschung sozialer Strukturen brauchbare Verfahren zur Verfügung stellen kann. Die Entwicklung wird dadurch außerordentlich erschwert, daß die wenigsten Soziologen ausreichend mathematische Vorkenntnisse besitzen und daß umgekehrt Mathematiker mit den soziologischen Problemen normalerweise nicht genügend vertraut sind. Solange aber die meisten verbalen theoretischen Aussagen noch sehr verschwommen und mehrdeutig sind, kann niemand erwarten, daß Mathematik als Hilfsmittel theoretischen Schließens eingesetzt wird.

Die zunehmenden Bestrebungen, soziale Theorien in mathematische Ausdrücke zu kleiden, können nicht ohne weiteres als vorübergehende Modeerscheinung abgetan werden. Ein Blick auf die historische Entwicklung der Naturwissenschaften läßt eher den Schluß zu, daß es sich dabei um eine beharrliche Tendenz handelt. Noch niemals ist es vorgekommen, daß exakte Methoden, wo sie einmal Fuß gefaßt hatten, zurückgedrängt wurden. Es hat aber häufig sehr lange gedauert, bis der Einsatz der mathematischen Denkweise überhaupt verstanden worden ist[24].

Es wird vielfach die Auffassung vertreten, mathematische Mittel könnten für eine Darstellung so komplizierter Erscheinungen wie die sozialen niemals ausreichen. Indessen ist es gerade ein Vorzug der Mathematik, daß sie vielfältige Wechselbeziehungen im Laufe der Bearbeitung kürzer und damit übersichtlicher darstellt, als sie zunächst erscheinen. Unwesentliche Faktoren oder solche, die sich gegeneinander aufheben, werden besser sichtbar und könnten bei der Herleitung theoretischer Schlüsse ausgesondert werden. Die den realen Systemen innewohnende Kompliziertheit bedeutet daher weniger deshalb ein Hindernis, weil sie unmögliche Gleichungsungetüme erfordern würde; sie steht vielmehr hauptsächlich einer richtigen Formulierung der Fragestellung im Wege, die den allerersten Schritt darstellt, der nicht von der Mathematik geleistet werden kann, von dem aber der Nutzen aller Rechenoperationen abhängig ist. Das ist jedoch eine Schwierigkeit, die für jeglichen Fortgang der Forschung überwunden werden muß, gleichgültig, ob dies für die Anwendbarkeit der Mathematik geschieht oder nicht. Insofern kann aber schon der Versuch mathematischer Formulierung un-

---

[24] Oskar *Morgenstern*, Logistik und Sozialwissenschaften, in Logik der Sozialwissenschaften, S. 317 o.

§ 12 Die mögliche Exaktheit der Rechtssoziologie

schätzbare Dienste leisten, weil dadurch schlechte Fragestellungen erkennbar werden.

Mathematik wird nicht selten mit den physikalischen Erscheinungen in festen, ausschließlichen Zusammenhang gebracht und der Logik gegenübergestellt, die das entsprechende Hilfsmittel in den Kulturwissenschaften sein soll. Dem liegt die Annahme zugrunde, daß nur quantitative Tatbestände für die Mathematik zugänglich seien, während in sozialen Tatbeständen Qualitäten vorherrschten. Indessen sei daran erinnert, daß der Unterschied zwischen Qualität und Quantität sich nur aus verschiedenen Standpunkten ergibt, nicht aber in den Dingen selbst begründet ist. Das hat zur Folge, daß Mathematik und Logik nicht scharf voneinander getrennt werden können. Die mathematische Forschung beschäftigt sich in zunehmendem Maße mit abstrakten Strukturen, man kann auch sagen, logischen Strukturen. Bereits *Plato* betonte die wesentlich logische Natur des Mathematischen. Aber erst in der modernen Zeit entwickelte sich ein sichtbarer Zusammenhang; die Logik wurde mathematischer, die Mathematik logischer[25].

Die prinzipielle Anwendbarkeit der Mathematik fällt außerdem schon mit der Möglichkeit der Abstraktion zusammen. Es ist aber kein realer Gegenstand denkbar, wo nicht früher oder später abstrakte Strukturen erkennbar werden. Eine andere Frage, die hier noch nicht erörtert zu werden braucht, bleibt natürlich immer, für welche wissenschaftlichen Ziele diese prinzipielle Möglichkeit ausgenutzt werden sollte.

Angesichts einiger großer Vorteile der mathematischen Formulierung darf nicht übersehen werden, daß selbst eine fehlerlose Deduktion noch keine Gewähr für sachliche Richtigkeit bieten kann[26]. Sätze der Mathematik sind nur formell exakt und besagen nichts über die Welt. Die Operation, die Schlußfolgerung mag unbestreitbar sein, und bei der Umformung wahrer Sätze in neue ist die Wahrheit der fehlerlos hergeleiteten Sätze gewiß. Aber für die inhaltliche Richtigkeit der Annahmen, von denen ausgegangen wird, vermögen Mathematik und Logik allein nicht zu bürgen. Denn inhaltliche Richtigkeit erfordert als erstes empirischen Gehalt, der eine Verankerung der Aussageelemente in der Realität, z. B. mittels Messungen, voraussetzt[27].

---

[25] Vgl. Bertrand *Russell*, Einführung in die mathematische Philosophie, S. 212 f.; Wilhelm *Ackermann*, Philosophische Bemerkungen zur mathematischen Logik und zur mathematischen Grundlagenforschung, Ratio 1957/58, S. 8 o., 10.
[26] Vgl. Hans *Albert*, Probleme der Theoriebildung, in Theorie und Realität, S. 37 f.; Oskar *Morgenstern*, Logistik und Sozialwissenschaften, in Logik der Sozialwissenschaften, S. 318; Franz *Eulenburg*, Naturgesetze und soziale Gesetze, Archiv für Sozialwissenschaft und Sozialpolitik, Bd. 32, S. 751 m.
[27] Vgl. Hans *Albert*, Probleme der Wissenschaftslehre in der Sozialforschung, in Handbuch der empirischen Sozialforschung, S. 42 u.

Die Exaktheit nimmt in keinem Zusammenhang jene exklusive, überragende Stellung ein, die ihr meistens zugeschrieben wird[28].

§ 13 Die Tragweite von Gesetzesaussagen

Der provisorische Charakter naturwissenschaftlicher Aussagen äußert sich nicht nur in der immer nur annähernden Genauigkeit quantitativer Wirklichkeitsaussagen, sondern auch insofern, als die Realität in den Gesetzen schematisch erfaßt wird. Teilweise geschieht dies unbemerkt, teilweise beabsichtigt.

Das Boyle-Mariottesche Gesetz — $pV = $ const. — behauptet eine Relation zwischen Druck und Volumen eines Gases. Bei genaueren Messungen stellt man aber fest, daß dieses Gesetz nur näherungsweise gilt. Zur Korrektur ist es nun nicht damit getan, daß man die Konstante auf Grund der verbesserten Meßmethoden neu festlegt. Vielmehr wird erforderlich, nicht nur den Druck, sondern auch die gegenseitige Anziehung der Moleküle und ihr Eigenvolumen zu berücksichtigen[1].

Von keinem Naturgesetz, auch wenn es sich noch so sehr bewährt hat, läßt sich sagen, daß es niemals ergänzungsbedürftig sein wird. Es kann immer noch unerkannte Bedingungen geben, die bei größeren Anforderungen an die Zuverlässigkeit der Gesetzesaussagen eingeführt werden müssen oder deren Bedeutung erst in einem neuen Anwendungsbereich erkannt wird, weil sie vorher stets konstant und deshalb unbemerkt geblieben waren[2].

Offenbare Schematisierungen lassen sich besonders anschaulich an den Keplerschen Gesetzen demonstrieren. Das 3. Keplersche Gesetz, wonach sich die dritten Potenzen der großen Halbachsen der Bahnen zweier Planeten wie die Quadrate der Umlaufzeiten der Planeten verhalten, berücksichtigt als anziehende Masse allein die der Sonne, nicht aber die des betrachteten Planeten. Ferner beschreiben die Keplerschen Gesetze nur den Spezialfall der Bewegung zweier Körper, die ausschließlich unter dem Einfluß ihrer gegenseitigen Massenanziehung stehen. Im Sonnensystem werden die Planetenbahnen aber streng genommen noch durch

---

[28] Nur am Rande sei erwähnt, daß amerikanische Untersuchungen bereits ein erstaunliches Maß an Zuverlässigkeit, z. B. in der Urteilsvoraussage, durch Anwendung exakter Verfahren — statistische Methoden, symbolische Logik, Analyse der Meinungen aus früheren Urteilen und der Zusammensetzung des Gerichtshofs — aufweisen; vgl. H. *Herschsohn,* Anwendung von Methoden der exakten Wissenschaften auf juristische Probleme, Schweiz JZ 1968, S. 177 (179).

[1] Vgl. Fernand *Renoirte,* Philosophie der exakten Wissenschaften, S. 165 o.

[2] Vgl. Heinrich *Sauer,* Der Begriff des Wahrscheinlichkeitsgesetzes, in Das Problem der Gesetzlichkeit, Bd. 1, S. 175 u. f.

§ 13 Die Tragweite von Gesetzesaussagen

die Anwesenheit der anderen Planeten beeinflußt. In einem verbesserten Gesetz müßten auch die Massen und Distanzen dieser Planeten mitberücksichtigt werden.

Im Gesetz wird also jeweils nur ein Teil der Eigenschaften, die in der beschriebenen Realität eine Rolle spielen, miteinander in Beziehung gesetzt. Wollte man alle erheblichen Umstände gesetzlich erfassen, so würden die Gesetze unabsehbar kompliziert werden.

Vernachlässigt werden demnach in den Gesetzen nicht nur diejenigen Faktoren, die die Einmaligkeit des Erscheinungsfalles ausmachen, sondern teilweise sogar auch solche Faktoren, die auf den Geschehensablauf in jedem Anwendungsfall des Gesetzes kausal einwirken.

Eine wissenschaftstheoretisch außerordentlich bedeutsame Unsicherheit bei Naturgesetzen ist in der Unzulänglichkeit des induktiven Verfahrens begründet. Die Gültigkeit einer Gesetzeshypothese kann auch nicht anhand noch so vieler mit ihr konformer Anwendungsfälle endgültig nachgewiesen werden; es gibt kein Prinzip, wonach für den Beweis eines Gesetzes ein *sicherer* Schluß von vielen Fällen auf alle gleichartigen Fälle gerechtfertigt wäre. Niemals kann die Möglichkeit ausgeschlossen werden, daß in der Zukunft doch ein abweichender Einzelfall auftreten wird. Hiernach sind Gesetze immer nur als vorläufig bestätigt anzusehen (nicht endgültig verifizierbar), und mit ihrer Hilfe kann auf den Ausgang einzelner Geschehensabläufe nur mit Wahrscheinlichkeit geschlossen werden[3], wenn diese Wahrscheinlichkeit auch praktischer Gewißheit gleichkommen kann, so daß die Forderung nach methodisch einwandfreier Nachprüfung und Nachprüfbarkeit der Theorien durchaus nicht sinnlos ist. *Popper*[4] hat darauf hingewiesen, daß der Bestätigungsgrad einer Gesetzeshypothese insbesondere dadurch indirekt verschärft werden kann, daß möglichst viele strenge Versuche der Falsifikation unternommen werden. Der mangelhaften Verifizierbarkeit theoretischer Aussagen steht nach seiner Meinung eine endgültige Falsifizierbarkeit gegenüber. Bereits mit dem Auftreten einzelner konträrer Anwendungsfälle könnten Gesetzeshypothesen widerlegt werden. Denn Gesetzeshypothesen müßten für jeden Einzelfall gelten, da sie Allaussagen enthalten. Allerdings kann Popper entgegengehalten werden, daß nicht einmal die Falsifizierung, wenn man ebenso streng logisch wie Popper vorgehen will, völlig sicher ist, da die Zuverlässigkeit von Einzelbeobachtungen, auf denen die Falsifizierung beruht, nur unter der

---

[3] Vgl. Ernst E. *Hirsch*, Die Rechtswissenschaft und das neue Weltbild, in Das Recht im sozialen Ordnungsgefüge, S. 79 m.
[4] Karl Raimund *Popper*, Logik der Forschung S. 14 ff.; ihm zustimmend: Carl Friedrich von *Weizsäcker*, Kontinuität und Möglichkeit, in Zum Weltbild der Physik, S. 221 u.; allgemein zur Wissenschaftslehre von Popper: Albrecht *Wellmer*, Methodologie als Erkenntnistheorie.

Annahme wiederum nur mangelhaft verifizierter Gesetzmäßigkeiten zwischen der Realität und der Sinneswahrnehmung abgeleitet werden kann.

Ein weiterer Grund, weshalb Naturgesetze lediglich Wahrscheinlichkeitsaussagen enthalten können, liegt in ihrem bereits erwähnten statistischen Charakter. Die Realität, auf die sich die Naturgesetze beziehen, wird aus unberechenbaren Einzelabläufen gebildet, die erst in der Masse äußere Regelmäßigkeiten zeigen. Daher weisen alle physikalischen Gesetzesaussagen eine logische kleinste Lücke auf, die selbst bei einer noch so großen Anzahl von Einzelprozessen streng genommen nie ganz geschlossen ist. Rein theoretisch bleiben bei jeder Anzahl, weil sie endlich ist, Fälle möglich, wo das molekulare Geschehen sich zu so extremen Konstellationen summiert, daß eine Verschiebung der Durchschnittswerte eintritt.

Eine praktisch außerordentlich wichtige Besonderheit an Gesetzen der klassischen Naturwissenschaften scheint darin zu bestehen, daß sie den Wissenschaftler in die Lage versetzen, Aussagen über die Realität zu machen, die, jedenfalls in der Regel, immer und unter allen Umständen, also unbedingt, zutreffend sein können. Das Fallgesetz galt im Prinzip, dies läßt sich vielleicht hierfür als Beispiel anführen, schon immer und an allen Orten der Erde. Die Astronomen knüpfen die Vorhersage einer Sonnenfinsternis nicht an bestimmte Bedingungen. Demgegenüber ist es kaum denkbar, daß Gesetzmäßigkeiten des Soziallebens einen derart universellen und uneingeschränkten Geltungsbereich besitzen könnten. Soziale Gesetzmäßigkeiten können wahre Aussagen wohl immer nur unter gleichzeitiger Aufstellung von Bedingungen garantieren, indem man ihre Anwendbarkeit von vornherein auf bestimmte Epochen und Bevölkerungsgruppen beschränkt.

Indessen bedürfen die üblichen Vorstellungen von der Allgemeingültigkeit der Naturgesetze der Korrektur. Zwar mögen z. B. solche „Naturgesetze", deren Inhalt auf Konvention beruht und die überwiegend definierenden Charakter haben (etwa nach dem Muster: alle Schwäne haben einen langen Hals), als bedingungslos „wahr" angesehen werden können; aber es ist sicher, daß wenigstens in den meisten Fällen die offenbare Unbedingtheit von Naturgesetzen nur eine scheinbare ist. Gesetze, sofern sie wissenschaftlich belangvoll sind, haben hypothetischen Charakter. Ihre Allgemeingültigkeit ist nur in Verbindung mit bestimmten historischen Fakten gewährleistet. „Schon die klassische Physik determiniert das Geschehen nur, wenn Anfangszustand und Randbedingungen gegeben sind[5]." Richtig verstanden heißt Allgemeingültig-

---

[5] Carl Friedrich von *Weizsäcker*, Gestaltkreis und Komplementarität, in Zum Weltbild der Physik, S. 354 m.

§ 13 Die Tragweite von Gesetzesaussagen

keit, daß das Gesetz zu allen Zeiten und an allen Orten in Erscheinung tritt, wann und wo auch immer die Bedingungen seines Auftretens erfüllt sind. (Und auf diesen Nachsatz kommt es im vorliegenden Zusammenhang an.) Die Bedingungen sind zwar allgemein definiert, doch sind sie in historischer Art nur zu gewissen Zeiten an gewissen Orten erfüllt[6]. Das Gesetz enthält ein allgemeines Urteil, aber ein hypothetisches[7]. Naturgesetze betreffen also mögliche Strukturen des Geschehens[8].

Die bloße allgemeine Kenntnis von Gesetzen auf einem bestimmten Gebiet enthebt den Forscher nicht der Mühe, die konkret vorhandene Realität wenigstens teilweise so genau wie möglich zu erfassen; denn ob die realen Umstände den abstrakten Bedingungen der Gesetze entsprechen, ist für jeden Einzelfall gesondert zu entscheiden. Solange die realen Verhältnisse nicht erkannt sind, bleibt die Anwendbarkeit der Gesetze unsicher, und auch die bestformulierten Gesetze können sich nicht bewähren. Die Feststellung, daß Gesetze in einem bestimmten Sinne allgemeingültig sind, verleitet allzu leicht zu einer ungenügenden Beobachtung des Gehalts der Bedingtheit bei der Aufstellung und Anwendung von Gesetzen.

Der Eindruck, daß viele astronomische Voraussagen (die Tragweite von Voraussagen ist von der Tragweite der Gesetze abhängig, aus denen die Voraussagen abgeleitet werden) bedingungslos wahr seien, entsteht dadurch, daß die für die Anwendbarkeit der Gesetze erforderlichen Fakten mit ausreichender Sicherheit bekannt sind und stillschweigend vorausgesetzt werden. Aus den bedingt allgemeingültigen Gesetzen können in Verbindung mit historischen Aussagen „unbedingte" Vorhersagen abgeleitet werden, wenn die Wahrheit der historischen Aussagen unterstellt wird, so daß die Bedingungen sicher erfüllt sind. Ein derartiges Vorgehen, bei dem sogar äußerst langfristige Prognosen erstellt werden, ist weniger deshalb möglich, weil unser Sonnensystem durch die ungeheuren Weiten des leeren Raumes „gegen Einflüsse seitens anderer mechanischer Systeme isoliert und deshalb relativ frei von exogenen Einwirkungen ist"[9]. Denn auch die Geschichte der Menschheit läuft insgesamt in einem ähnlich geschlossenen System ab, ohne daß Ziel einer

---

[6] Franz *Eulenburg*, Naturgesetze und soziale Gesetze, Archiv für Sozialwissenschaft und Sozialpolitik, Bd. 32, S. 766; vgl. Hans *Albert*, Probleme der Theoriebildung, in Theorie und Realität, S. 24 m.

[7] Vgl. über die Mehrdeutigkeit des „Hypothetischen" im Hinblick auf Gesetze Felix *Kaufmann*, Methodenlehre der Sozialwissenschaften, S. 60 u. f.

[8] Carl Friedrich von *Weizsäcker*, Kontinuität und Möglichkeit, in Zum Weltbild der Physik, S. 226 u.

[9] So aber Karl Raimund *Popper*, Prognose und Prophetie in den Sozialwissenschaften, in Logik der Sozialwissenschaften, S. 117 m.

Gesellschaftswissenschaft, was *Popper*[10] selbst hervorhebt, entsprechend langfristige Prognosen sein können. Der hauptsächliche Grund für die Möglichkeit langfristiger Prognosen liegt vielmehr darin, daß es in unserem Sonnensystem kaum ganz geringfügige, unerkennbare Ursachen gibt, die in der Weise ungleich größere Wirkungen nach sich ziehen, daß sie die Planetenbahnen ausschlaggebend unvorhersehbar beeinflussen.

Im Gegensatz zu Planetenbewegungen wird die Entwicklung von sozialen Gruppen oder der gesamten Menschheit zum großen Teil durch im voraus nicht mehr erfaßbare Umstände, die aber richtunggebend wirken, beeinflußt. Konkrete Voraussagen über eine sehr entfernt liegende Zukunft, z. B. daß es zu einem bestimmten Zeitpunkt an einem bestimmten Ort zu einer Revolution kommen wird, entsprechend den astronomischen Vorhersagen über Sonnenfinsternisse, könnten kaum jemals wissenschaftlich fundiert sein, weil sie sich nicht oder nicht genügend auf die realen Umstände stützen könnten. Gerade die Bedingtheit ist es, die naturwissenschaftlichen Aussagen wissenschaftliche Relevanz verleiht. *Popper* unterscheidet zwischen der gewöhnlichen Prognose, die an die Bedingungen einer wissenschaftlichen Theorie geknüpft ist, und der historischen Prophetie, die sich üblicherweise auf längere Zeiträume erstreckt[11]. Historische Prophezeiungen werden nicht aus wissenschaftlichen Theorien abgeleitet, deren Anwendungssituation fest umrissen ist, sondern erfolgen bedingungslos.

Bereits *Eulenburg* hat die Forderung *Mills* zurückgewiesen, daß es Ziel der Gesellschaftswissenschaft sein müsse, allgemeine Gesetze zu ermitteln, nach denen der Zustand Europas für einen zukünftigen Zeitpunkt bestimmt werden könne[12]. Denn hierfür wäre erforderlich, daß die Gesamtheit der entscheidenden sozialen Zustände in Europa erfaßbar sei. Da aber kein zuverlässiges Gesamtbild entworfen werden könne, so könne dies auch nicht von der weiteren Entwicklung geschehen. Anzustreben sei nur die Aufstellung von Spezialgesetzen, in denen die Zukunft nicht global erfaßt ist, sondern in einem begrenzten Zusammenhang gesehen wird[13].

---

[10] Karl Raimund *Popper*, a.a.O., S. 116 ff.; Das Elend des Historizismus, S. 30 f.

[11] Karl Raimund *Popper*, Prognose und Prophetie in den Sozialwissenschaften, S. 116 ff.; vgl. Hans *Albert*, Theorie und Prognose in den Sozialwissenschaften, in Logik der Sozialwissenschaften, S. 131; Probleme der Wissenschaftslehre in der Sozialforschung, in Handbuch der empirischen Sozialforschung, S. 55 u.

[12] Franz *Eulenburg*, Naturgesetze und soziale Gesetze, Archiv für Sozialwissenschaft und Sozialpolitik, Bd. 32, S. 774.

[13] Franz *Eulenburg*, a.a.O., S. 775 o.

§ 13 Die Tragweite von Gesetzesaussagen

Das Vorbild der Astronomie führt die Gesellschaftswissenschaften leicht auf Abwege. Die Gesellschaft bewegt sich nicht als Ganzes, etwa so wie ein Planet, auf einer bestimmten Bahn in einer bestimmten Richtung voran[14].

Allgemeine Aussagen über den Fortgang der gesellschaftlichen Gesamtentwicklung, z. B. über die regelmäßige Wiederkehr von Revolutionen oder Kriegen, mögen daher geschichtsphilosophisch vertretbar sein, können aber nicht den Anspruch darauf erheben, soziologisch exakt begründet zu sein[15]. Sofern in solchen Gesetzen Notwendigkeit eines Geschehens behauptet wird, kann eher an Fatalität gedacht werden als an Kausalität.

Es würde deshalb auf einem Mißverständnis der klassisch naturwissenschaftlichen Denkweise beruhen, wenn man sich auf den Versuch beschränken würde, über die Entwicklung der Gesellschaft als ganzer allgemeine Gesetze aufzustellen, oder man aus dem Scheitern derartiger Versuche die Unmöglichkeit naturwissenschaftlichen Vorgehens folgern wollte.

Wissenschaftlich fundierte Aussagen über die Realität erstrecken sich über Zeiträume und Geschehensabschnitte, die so klein und eng anzusetzen sind, daß die ausschlaggebenden Faktoren klassifizierbar bleiben.

Die erkannten Gesetze haben von Hause aus hypothetischen Charakter. Ihre Tragweite ist bereits ihrer logischen Eigenart nach begrenzt, und die Möglichkeit falscher Anwendung wissenschaftlicher Theorien ist nicht nur in der sozialen Realität eine bedeutende Fehlerquelle. Auch in den exaktesten Zweigen der Physik wird die Wirklichkeit nicht so treffend und unfehlbar erfaßt, wie es den Anschein hat.

---

[14] Karl Raimund *Popper*, Das Elend des Historizismus, S. 90 m.
[15] Vgl. Lewis S. *Feuer*, Causality in the Social Sciences, The Journal of Philosophy, Vol. LI, S. 681 ff. (694 f.).

*Fünfter Abschnitt**

§ 14 Die Adäquanz eines „naturwissenschaftlichen Verfahrens"

Das Recht ist so in die Realität eingebettet, daß es zum Gegenstand von Aussagen gemacht werden kann, die denen über die Natur im engeren Sinne formal ähnlich sind. Mit dieser Feststellung allein ist aber noch nichts darüber gesagt, ob die Ergebnisse eines solchen Vorgehens den untersuchten Sachverhalten auch gerecht werden. Unbezweifelbar weist das Recht eine andere Struktur auf als jeder Gegenstand der unbelebten Natur. Es könnte sein, daß einem naturwissenschaftlichen Vorgehen gerade das spezifisch Rechtliche entgeht, so daß die erzielten Ergebnisse unbrauchbar sind, weil sie das Wesentliche nicht erfassen und ein verzerrtes Bild von der Wirklichkeit geben.

Nach *Kelsen* kann nur eine normwissenschaftliche Methode dem Recht angemessen sein. Der Rechtsbegriff sei rein normativ aufzufassen und lasse die Berücksichtigung von Seinsmomenten nicht zu[1]. Ein soziologischer Begriff des Rechts sei ebensowenig möglich wie der sittliche Begriff des freien Falles[2].

Größere Bedeutung scheinen aber jene Bedenken zu haben, die sich aus der Abhängigkeit rechtlicher Sachverhalte von menschlichen Verhaltensweisen ergeben. Menschliches Handeln wird von Zweckvorstellungen geleitet. Finalität ist aber ein Element, das einer kausalexplikativen Betrachtungsweise wohl entgehen würde. Für *Jhering* ist der Zweck wesentliches Unterscheidungsmerkmal zwischen den Bereichen von Mensch und Natur[3]. Jhering verkennt dabei nicht, daß in der gesamten Wirklichkeit, also auch für den menschlichen Willen, das Kausalprinzip gilt. Aber in der Natur sei der zureichende Grund mechanischer Art, bestehe in der Ursache, während er beim Willen psychologischer Art sei

---

* Im Rahmen der vorliegenden Arbeit konnte auf eine ausführliche Auseinandersetzung mit der dialektischen Theorie verzichtet werden. Die in diesem Abschnitt enthaltenen kritischen Anmerkungen — das Ergebnis jahrelanger Beschäftigung mit dieser Materie — sollen jedoch in Kürze noch einmal in einem größeren Zusammenhang näher ausgeführt werden.

[1] Hans *Kelsen*, Hauptprobleme der Staatsrechtslehre, S. 46 o.

[2] Hans *Kelsen*, Eine Grundlegung der Rechtssoziologie, Archiv für Sozialwissenschaft und Sozialpolitik, Bd. 39, S. 839 (876 m.).

[3] Rudolph von *Jhering*, Der Zweck im Recht, S. 17.

§ 14 Die Adäquanz eines „naturwissenschaftlichen Verfahrens" 93

und als Zweck in Erscheinung trete[4]. Das „Um" sei für den Willen ebenso unerläßlich wie das „Weil" für den Naturvorgang. Der Mensch, welcher handelt, tue dies nur, um etwas zu erreichen. Der Schuldner zahle nicht, „weil" er zur Zahlung verpflichtet ist, sondern „um" sich von seiner Schuld zu befreien[5].

Sowohl *Kelsens* Auffassung als auch diese Ansicht von *Jhering* werden zugespitzt durch die allgemeine (nicht speziell auf das Recht bezogene) These: „Methoden hängen nicht vom methodologischen Ideal ab, sondern von der Sache[6]." *Adorno* führt dazu aus, Theorie müsse „die Begriffe, die sie gleichsam von außen mitbringt, umsetzen in jene, welche die Sache von sich selber hat, in das, was die Sache von sich aus sein möchte..."[7]. Wird der Zugang zur Sache in dieser Weise von ihr selbst vorgezeichnet, so müßte für die Erfassung teleologischer Sachverhalte ein verstehendes, hermeneutisches Verfahren gefordert werden.

Außerdem, und das hebt neben *Adorno*[8] beispielsweise *Habermas*[9] hervor, ist ausschließlich ein hermeneutisches Verfahren für ein Sinnverständnis des objektiven Geistes geeignet, der sich im Ganzen der sozialen Lebenswelt manifestiert. Alle sozialen Einzelerscheinungen sind von der Totalität der Gesellschaft abhängig; aus dieser Einsicht zieht die sich dialektisch nennende Theorie der Gesellschaft die Konsequenz, daß es Aufgabe der Gesellschaftswissenschaften sein müsse, historische Gesetzmäßigkeiten über epochale Entwicklungen im ganzen aufzustellen, wobei auf eine analytische Definition des Anwendungsbereichs verzichtet wird[10]. Ein restriktiver Gesetzesbegriff, der sich am Status der Gesetze in den klassischen Naturwissenschaften orientiert, wird verworfen. Denn sobald das erfahrungswissenschaftliche Interesse über die naturwüchsigen Bereiche hinausziele, schlage die Neutralität des Systems um in eine Verfälschung des Objekts. Wenn die Struktur des Objekts vernachlässigt werde, könne die Theorie nicht in ihren Gegenstand eindringen und werde irrelevant. Während die Trivialität wahrer Erkenntnisse im Bereich der Natur unschädlich sei, gäbe es in den Sozialwissenschaften so etwas wie eine „Rache des Objekts", wenn das erkennende Subjekt die

---

[4] Rudolph von *Jhering*, a.a.O., S. 1.
[5] Rudolph von *Jhering*, a.a.O., S. 13.
[6] Theodor W. *Adorno*, Zur Logik der Sozialwissenschaften, Kölner Zeitschrift für Soziologie und Sozialpsychologie, 1962, S. 253 o.; vgl. S. 256 u.
[7] Theodor W. *Adorno*, Soziologie und empirische Forschung, in Logik der Sozialwissenschaften, S. 512 o; vgl. in diesem Sinne auch Arno *Lamprecht*, Das Prinzip der Kausalität des seelischen und sozialen Geschehens insbesondere des Wirtschaftens, S. 46 u., 50 u., 76 m.
[8] Theodor W. *Adorno*, Zur Logik der Sozialwissenschaften, a.a.O., S. 251 o.
[9] Jürgen *Habermas*, Analytische Wissenschaftstheorie und Dialektik, in Logik der Sozialwissenschaften, S. 293 f., 296 u.
[10] Jürgen *Habermas*, a.a.O., S. 296 m.

eigene in der gesellschaftlichen Totalität liegende Befangenheit nicht berücksichtigt[11].

Daß eine Sozialwissenschaft, sofern sie wissenschaftlichen Rang beansprucht und Aussagen über die Wirklichkeit anstrebt, die so genau wie möglich den tatsächlichen Verhältnissen entsprechen, keine historischen ganzheitlichen Bewegungsgesetze aufstellen kann, wurde bereits bei der Erörterung der Tragweite von Gesetzen dargelegt. Man kann noch nicht einmal sagen, daß die Ganzheitsdenker[12] die Grenzen des menschlichen Erkenntnisvermögens überschreiten. Denn sie lehnen im Grunde genommen jede ordnende Sammlung von Erfahrungswissen ab, und die historischen Gesetzmäßigkeiten, die sie aufzustellen anstreben, sind nicht etwa als extreme Weiterentwicklung bedingter Spezialgesetze aufzufassen, sondern beruhen auf Spekulation[13]. *Adorno* räumt selber den spekulativen Charakter solcher Theorien über die Gesellschaft ein; dies sei aber kein Übel der gesellschaftlichen Erkenntnis, sondern erforderlich, um die Eigenart der Sache in der Gestalt der Theorie abzubilden[14].

Die Abneigung gegen jede präzise Erfassung der Wirklichkeit beruht mehr oder weniger ausdrücklich auf den Irrtümern, daß im gesellschaftlichen Bereich eine gewisse „Unschärfe" in dem Sinne herrsche, daß unverursachtes Geschehen auftritt, daß die Wirklichkeit überhaupt für sich allein exakt oder nicht exakt sein könne und daß die Methode sich von vornherein nach der Beschaffenheit des Objekts richten müsse. Die beiden ersten Punkte wurden bereits in anderem Zusammenhang eingehend behandelt; auf die Frage nach der Richtigkeit oder Unrichtigkeit der letzten These wird im Verlauf der weiteren Erörterung zurückzukommen sein.

Naturwissenschaftliche Forschungsergebnisse betreffen jeweils nur Teilaspekte der Wirklichkeit und vernachlässigen Einmaliges. Insofern ist die Behauptung zutreffend, daß Naturwissenschaften verkürzend verfahren; aus der Sicht ganzheitlicher Betrachtungsweise ist aber in diesem „verkürzten Wirklichkeitsbegriff" gerade das Wesentliche nicht enthalten, was sich besonders nachteilig im gesellschaftlichen Bereich auswirken soll[15].

---

[11] Jürgen *Habermas,* a.a.O., S. 293.
[12] Über die Mehrdeutigkeit des Ganzheitsbegriffs und insbesondere über die Berechtigung seiner Verwendung in der Gestaltpsychologie vgl. Karl Raimund *Popper,* Das Elend des Historizismus, S. 61 ff.
[13] Vgl. Ernst E. *Hirsch,* Aufgaben und Grenzen der Rechtssoziologie, in Das Recht im sozialen Ordnungsgefüge, S. 16 u. ff.
[14] Theodor W. *Adorno,* Zur Logik der Sozialwissenschaften, Kölner Zeitschrift für Soziologie und Sozialpsychologie, 1962, S. 256.
[15] Vgl. Richard *Lange,* Konstanz und die Rechtswissenschaft, Juristenzeitung 1965, S. 737 ff.; dagegen Ludwig *Raiser,* Die Rechtswissenschaft im Gründungsplan für Konstanz, Juristenzeitung 1966, S. 86 ff.; dagegen Richard

§ 14 Die Adäquanz eines „naturwissenschaftlichen Verfahrens"

Indessen werden durch die Feststellung von Einzelergebnissen weder die Einordnung in ein Gesamtgefüge, noch gedankliche Beziehungen zu einem größeren Zusammenhang ausgeschlossen.

Ganzheitsfanatiker, die einem „unverkürzten" Begriff von der Gesellschaft nachjagen, müssen sich sagen lassen, daß jede gesellschaftliche Theorie, an der Totalität des Geschehens gemessen, notwendig lückenhaft ist. Die Verkürzung der Wirklichkeit erfolgt bei ihnen nur nicht planmäßig. Es ist niemals möglich, eine soziale „Ganzheit" als solche unverkürzt zu erfassen, weil die Realität in jedem ihrer Abschnitte unendlich mannigfaltig ist. Wenn aber eine Begrenztheit menschlicher Erkenntnis überhaupt nicht gesehen wird und wirksame Faktoren vernachlässigt werden, ohne daß die Tatsache solcher Vernachlässigung theoretisch begründet ist, dann ist eine Verfälschung der Gegenstände naheliegender, als in einem naturwissenschaftlichen Verfahren, wo planmäßig und kontrolliert von den gerade nicht interessierenden Faktoren abgesehen wird. Die der Ganzerfassung innewohnende Tendenz würde zu einer unerträglichen Unordnung des Stoffes und Ausweitung auf Nebensächlichkeiten führen.

Werden Erscheinungen funktional[16], quantitativ gesehen, so bedeutet das keineswegs Negierung der qualitativen Unterschiede ihrer Eigenschaften. Die Realität wird dann vielmehr lediglich in einzelner Hinsicht betrachtet, gleichsam logisch in Einzelteile zerlegt; wenn aber alle quantitativen Ergebnisse zusammen betrachtet werden, so bleibt die qualitative Mannigfaltigkeit bewahrt und tritt für den Erkennenden eher klarer hervor. Denn es darf nicht übersehen werden, daß selbst bei Messungen erhaltene Zahlen nie abstrakt für sich allein stehen und daß zwischen verschiedenen Maßeinheiten qualitative Unterschiede definiert sind. Mag auch jede Zahl nur eine einseitige Auskunft enthalten, so ist sie doch durch die mit ihr verbundene Maßeinheit qualifiziert[17]. So hebt sich etwa in der Physik die Maßdefinition einer Länge qualitativ von der Maßdefinition eines Gewichts ab.

Lange, Noch einmal: Konstanz und die Rechtswissenschaft, Juristenzeitung 1966, S. 344 ff.; zu dieser Kontroverse siehe Ernst E. *Hirsch*, Aufgaben und Grenzen der Rechtssoziologie, in Das Recht im sozialen Ordnungsgefüge, S. 16 ff.

[16] Auch in diesem Zusammenhang darf „funktional" nicht im Sinne der speziell für die Sozialwissenschaften entwickelten „funktionalistischen Methoden" (vgl. hierüber etwa Niklas *Luhmann*, Funktion und Kausalität, Kölner Zeitschrift für Soziologie und Sozialpsychologie, 1962, S. 617 ff. und E. K. *Francis*, Wissenschaftliche Grundlagen soziologischen Denkens, S. 41 f.) verstanden werden. Den allgemein-logischen Funktionsbegriff behandelt aber Leopold von *Wiese* in seiner Untersuchung „Der Begriff der Funktion in den Sozialwissenschaften", in Sozialwissenschaft und Gesellschaftsgestaltung, S. 17 ff.

[17] Vgl. Fernand *Renoirte*, Philosophie der exakten Wissenschaften, S. 140.

Nicht einmal durch die Strenge der Mathematik würden die gesellschaftlichen Erscheinungen verzerrt wiedergegeben werden. Gefühlsmäßig scheint die natürliche Sprache als ein in der Gesellschaft gewachsenes Produkt freilich erheblich besser geeignet zu sein, um soziale Vorgänge darzustellen, als die „tote" Mathematik. Jedoch entsteht der Eindruck, daß die Mathematik ausschließlich bei der Abbildung unbelebter Strukturen verwendbar ist, nur dadurch, daß wir es gewohnt sind, mathematische Verfahren vorwiegend in Astronomie, Physik, Chemie anzutreffen, so daß wir leicht dem Trugschluß erliegen, daß eine Verknüpfung der Mathematik mit diesen Wissenschaften auf einer den Gegenständen dieser Disziplin gemeinsamen Eigenart beruhe, die den Gegenständen der Gesellschaftswissenschaften fehle. In Wahrheit verhält sich die Mathematik gegenüber jeder Wirklichkeitsstruktur neutral. Irgendein inhaltliches, sachfremdes Element kann durch sie in keine Wissenschaft hineingetragen werden[18]. Da eine Verwandtschaft zwischen Mathematik und Logik besteht, darf sie überall dort eingesetzt werden, wo eine Verschärfung der Logik erreicht werden soll.

Jedes Wissen um die Eigenart des Rechts ist unter einem bestimmten Blickwinkel entstanden. A priori kann über das Wesen des Rechts, gleichsam von innen her, überhaupt nichts bekannt sein. Es ist daher ein logischer Fehler, wenn vom Gegenstand her eine bestimmte Methode gefordert wird. Der Standpunkt des Erkennenden ist das primär Gegebene, und es hängt von seinem Vorgehen ab, welches Bild er vom Gegenstand erhält. Dieser Zusammenhang ist bereits von *Kant* klar gesehen worden: Nicht unsere Erkenntnis richtet sich nach den Gegenständen, sondern die Gegenstände richten sich nach unserer Erkenntnis[19]. Das erkennende Subjekt ist in seinen Bemühungen bereits legitimiert, sofern es überhaupt auf einen Gegenstand stößt, der in der beabsichtigten Art und Weise erforschbar ist. Mangels einer unmittelbaren Einsicht in das Wesen der Dinge, ist jede Behauptung über eine Verfälschung des Objekts äußerst fragwürdig.

Daß Recht wegen seiner Normativität und seiner Gesellschaftlichkeit unter normativem und geschichtlich-verstehendem Blickwinkel gesehen werden kann, schließt nicht aus, daß es auch noch unter anderen Aspekten betrachtet werden darf[20]. Ein Ausschluß anderer Denkweisen als der geisteswissenschaftlichen wäre unerlaubter, nicht begründbarer Dogmatismus[21]. Schon wegen seiner Raumzeitlichkeit ist das Recht Natur-

---

[18] Oskar *Morgenstern*, Logistik und Sozialwissenschaften, in Logik der Sozialwissenschaften, S. 316 u., 320 o.

[19] Immanuel *Kant*, Kritik der reinen Vernunft, S. 11 u. f.

[20] Gegen einen „geisteswissenschaftlichen Autonomieanspruch" bei der rechtstheoretischen Erkenntnis wendet sich Werner *Krawietz*, Das positive Recht und seine Funktion, S. 112 u. ff.

§ 14 Die Adäquanz eines „naturwissenschaftlichen Verfahrens"

erscheinung im weiteren Sinne[22], mit dem gleichen Grad von Wirklichkeit wie die Dinge, was keineswegs heißt, daß soziale Phänomene materielle Dinge sind[23]. Es werden also durch diese Gleichstellung nicht höhere Seinsformen auf das Niveau von niedrigeren herabgedrückt, sondern im Gegenteil für soziale Phänomene wird mindestens Gleichrangigkeit beansprucht, was ihre Wirklichkeit betrifft[24].

Zutreffend weist *Rickert* darauf hin, daß die Wirklichkeit Natur wird, wenn wir sie mit Rücksicht auf das Allgemeine betrachten, und Geschichte wird, wenn wir sie mit Rücksicht auf das Besondere betrachten[25]. Einen ähnlichen Standpunkt nimmt auch *Horváth* ein, indem er sagt, dasselbe Geschehen sei Geschichte in seiner Einmaligkeit verstanden und Soziologie in seiner Allgemeinheit erklärt[26]. Unbelebtes ist faktisch ebenso geschichtlich wie der Mensch[27].

Der Gegensatz von Finalität und Kausalität, den *Jhering* für den menschlichen Bereich herausgestellt hat, ist kein von der Sache her gegebener, sondern liegt in einer unterschiedlichen Art der Betrachtungsweise[28]. Denn das Ziel wirkt kausal durch die menschliche Vorstellung, und die vom Handelnden für einen bestimmten Zweck ausgewählten Mittel sind zugleich die Ursachen, die den gewünschten Zweck herbeiführen sollen. Zweckmäßig sind nur diejenigen Mittel, die das Bezweckte kausal hervorbringen[29]. Durchgehende Kausalität ist Voraussetzung sinnvollen Handelns. Der Finalnexus setzt also den Kausalnexus im Geschehen voraus[30]. Wille, Streben, Handlung sind nur in einer kausal determinierten Welt möglich, einer Wirklichkeit, die es immer auch als solche, über ihre finalen Beziehungen hinaus, zu erkennen gilt.

---

[21] Theodor *Viehweg*, Zur Geisteswissenschaftlichkeit der Rechtsdisziplin, Studium generale, 11. Jg., S. 334 (340 o. rechte Spalte).

[22] Vgl. Julius *Kraft*, Reine und angewandte Soziologie, in Gesellschaft, Staat und Recht, S. 56 u. f.; Vorfragen der Rechtssoziologie, Zeitschrift für vergleichende Rechtswissenschaft, Bd. 45, S. 1 (2).

[23] Vgl. Emile *Durkheim*, Die Regeln der soziologischen Methode, S. 89 u., 115 ff.

[24] Emile *Durkheim*, a.a.O., S. 89 u.

[25] Heinrich *Rickert*, Kulturwissenschaft und Naturwissenschaft, S. 54 u.; vgl. Wilhelm *Windelband*, Geschichte und Naturwissenschaft, in Präludien, S. 364 ff.

[26] Barna *Horváth*, Rechtssoziologie, S. 37 u. f.; siehe hierzu aus allgemeiner Sicht: Béla *Juhos*, Das Wertgeschehen und seine Erfassung, S. 18 ff.

[27] Carl Friedrich von *Weizsäcker*, Das Experiment, Studium generale, Bd. 1, S. 3 (7 u.).

[28] Vgl. Carl Friedrich von *Weizsäcker*, Naturgesetz und Theodizee, in Zum Weltbild der Physik, S. 166 u.; vgl. aber auch Wigand *Siebel*, Die Logik des Experiments in den Sozialwissenschaften, S. 161 f.

[29] Nicolai *Hartmann*, Teleologisches Denken, S. 20 m.

[30] Nicolai *Hartmann*, a.a.O., S. 70, 73 o.

Allein durch die Tatsache, daß Gesetzmäßigkeiten im kausalgeordneten sozialen Geschehen gefunden werden können, ist danach die Rechtssoziologie nicht nur befugt, generalisierend zu erklären, sondern sie wird dadurch sogar dazu aufgefordert, so zu verfahren, wenn sie der Wirklichkeit in jeder Beziehung auf den Grund gehen will. *Horváth* sieht es als eine Aufgabe der Rechtssoziologie an, die von ihr selbst vorausgesetzte Geschichtlichkeit des Rechts im Laufe der Bearbeitung zu verkürzen und zu dehistorisieren[31].

Ist ein Sachverhalt verstanden, so ist er damit nicht schon gleichzeitig erklärt. Der gegenteiligen Ansicht von *Weippert*, nach der das Verstehen die Erklärung mit einschließt[32], womit implizite behauptet wird, daß ein besonderes Verfahren der Erklärung überflüssig sei, kann nicht zugestimmt werden. Zwar bedient sich der Historiker häufig naturwissenschaftlicher Erkenntnisse, weil seine Deutungen sich im Rahmen dessen halten müssen, was möglich oder wahr sein kann, z. B. wenn es darum geht, die Echtheit einer Urkunde zu überprüfen; und die naturwissenschaftliche Richtigkeit ist nicht nur Grundlage für ein Verständnis der untersuchten Vorgänge, sondern sie ist auch insofern vorrangig, als neue naturwissenschaftliche Erkenntnisse die Unrichtigkeit bestimmter Deutungen erweisen können, so daß ein neues Verständnis der Ereignisse erforderlich wird. Aber selbst wenn auch naturwissenschaftliches Denken in dieser Weise zum Bestandteil des Verstehens werden kann, so darf doch nicht übersehen werden, daß es nur hilfsweise und als Mittel zur Gewinnung von singulären Sätzen verwendet wird[33]. Eine Erklärung des Geschehens wird damit nicht erreicht, schon deshalb nicht, weil letztes Ziel der Erklärung nicht die Aufstellung von Individualaussagen, sondern die Zurückführung auf generelle Aussagen ist.

Bloßes geisteswissenschaftliches Verstehen sozialer Zusammenhänge würde kaum die letzten unterscheidbaren Elemente des Gesellschaftslebens bloßlegen können, weil es bei einer höheren Begriffsschicht stehen bleibt[34]. Während das Verstehen geistige Gesamtsituationen mehr gefühlsmäßig erfaßt, geht der Erklärende rationaler vor[35]; daraus darf

---

[31] Barna *Horváth*, Rechtssoziologie, S. 13 u.
[32] Georg *Weippert*, Zur verstehenden Methode, in Diagnose und Prognose als wirtschaftswissenschaftliche Methodenprobleme, S. 174 m.
[33] Vgl. Béla *Juhos*, Das Wertgeschehen und seine Erfassung, S. 100 ff.
[34] Vgl. Eduard *Spranger*, Lebensformen, S. 11 f.
[35] Vgl. Werner *Krawietz*, Das positive Recht und seine Funktion, S. 110 ff. (113 ff.); Hans *Albert*, Probleme der Wissenschaftslehre in der Sozialforschung, in Handbuch der empirischen Sozialforschung, S. 39 f. Scharfe Angriffe gegen die Methode des Verstehens überhaupt führen Theodore *Abel* (The Operation called Verstehen, in Theorie und Realität, S. 177 ff.) und Julius *Kraft* (Das Rätsel der Geisteswissenschaft und seine Lösung, Studium generale, Jg. 11, S. 131 ff.). Kritisch zu Abel: Norbert *Kloten*, Der Methodenpluralismus und das Verstehen, in Systeme und Methoden in den Wirtschafts- und Sozialwissenschaften, S. 207 (218 ff.).

§ 14 Die Adäquanz eines „naturwissenschaftlichen Verfahrens"

andererseits nicht gefolgert werden, daß Rechtsgeschichte und Rechtssoziologie so gegensätzlich zueinander stehen, daß nirgends ein Kontakt vorhanden ist[36]. Schon vom Gegenstand her wird deutlich, daß ihr gemeinsamer Ausgangspunkt, die Bestimmung des Rechts durch Beschreibung, für die Rechtssoziologie die Möglichkeit bedeutet, sich der Rechtsgeschichte als materialsammelnder Disziplin zu bedienen[37].

Während aber die Rechtsgeschichte in ihrer retrospektiven Tendenz verharrt, sieht die Rechtssoziologie die Deskription nur als Mittel an, durch Kombination von Beobachtungen mit prospektiver Tendenz zu analysieren.

Die Rechtswirklichkeit ist unzureichend erkannt, sofern sie nicht auch wie ein Teil der Natur erforscht wird. Gesetzmäßigkeiten im gesellschaftlichen Bereich ermöglichen und erfordern eine generalisierende Erklärung des Phänomens Recht.

---

[36] Vgl. Julius *Kraft*, Vorfragen der Rechtssoziologie, Zeitschrift für vergleichende Rechtswissenschaft, Bd. 45, S. 1 (77).

[37] Erst durch diese Verwendung der Rechtsgeschichte als Hilfswissenschaft, die Ordnung und Verarbeitung rechtsgeschichtlicher Erkenntnisse unter soziologischen Gesichtspunkten, gewinnt die Rechtsgeschichte einen bedeutenden praktischen Wert, vgl. Manfred *Rehbinder*, Die Begründung der Rechtssoziologie durch Eugen *Ehrlich*, S. 70 m. f.

Literatur

Abel, Theodore: The Operation called Verstehen, in: Theorie und Realität, Ausgewählte Aufsätze zur Wissenschaftslehre der Sozialwissenschaften, herausgegeben von Hans Albert, Tübingen 1964, S. 177

Ackermann, Wilhelm: Philosophische Bemerkungen zur mathematischen Logik und zur mathematischen Grundlagenforschung, in: Ratio 1957/58, S. 1

Adorno, Theodor W.: Zur Logik der Sozialwissenschaften, in: Kölner Zeitschrift für Soziologie und Sozialpsychologie, 14. Jg. (1962), S. 249

— Soziologie und empirische Forschung, in: Logik der Sozialwissenschaften, herausgegeben von Ernst Topitsch, Köln 1965, S. 511

Albert, Hans: Probleme der Wissenschaftslehre in der Sozialforschung, in: Handbuch der empirischen Sozialforschung, herausgegeben von René König, Bd. 1, Stuttgart 1962, S. 38

— Probleme der Theoriebildung, in: Theorie und Realität, Ausgewählte Aufsätze zur Wissenschaftslehre der Sozialwissenschaften, herausgegeben von Hans Albert, Tübingen 1964, S. 3

— Theorie und Prognose in den Sozialwissenschaften, in: Logik der Sozialwissenschaften, herausgegeben von Ernst Topitsch, Köln 1965, S. 126

Bavink, Bernhard: Ergebnisse und Probleme der Naturwissenschaften, Eine Einführung in die heutige Naturphilosophie, 8. Aufl., Leipzig 1944

Becher, Erich: Geisteswissenschaften und Naturwissenschaften, München 1921

Binswanger, Ludwig: Einführung in die Probleme der allgemeinen Psychologie, Berlin 1922

Bocheński, Joseph M.: Die zeitgenössischen Denkmethoden, 3. Aufl., Bern 1965

Born, Max: Physik im Wandel meiner Zeit, 2. Aufl., Braunschweig 1958

Broglie, Louis de: Die Elementarteilchen, 3. Aufl., Hamburg 1943

Carbonnier, Jean: Die großen Hypothesen der theoretischen Rechtssoziologie, in: Studien und Materialien zur Rechtssoziologie, herausgegeben von Ernst E. Hirsch und Manfred Rehbinder, Sonderheft 11/1967 der Kölner Zeitschrift für Soziologie und Sozialpsychologie, S. 135

Cassirer, Ernst: Substanzbegriff und Funktionsbegriff, Berlin 1923

Danner, Manfred: Gibt es einen freien Willen? Mit einem Vorwort von Friedrich Nowakowski, Kriminologische Schriftenreihe, Bd. 24, Hamburg 1967

Durkheim, Emile: Die Regeln der soziologischen Methode, Neuwied 1961

Einstein, Albert: Mein Weltbild, Zürich 1953

Emge, Carl August: Über die Unentbehrlichkeit des Situationsbegriffs für die normativen Disziplinen, Mainz 1966

Engisch, Karl: Die Lehre von der Willensfreiheit in der strafrechtsphilosophischen Doktrin der Gegenwart, Berlin 1963

Eulenburg, Franz: Naturgesetze und soziale Gesetze, in: Archiv für Sozialwissenschaft und Sozialpolitik, Bd. 31, S. 711; Bd. 32, S. 689

Exner, Franz: Vorlesungen über die physikalischen Grundlagen der Naturwissenschaften, Wien 1919

Festinger, Leon: Die Bedeutung der Mathematik für kontrollierte Experimente in der Soziologie, in: Logik der Sozialwissenschaften, herausgegeben von Ernst Topitsch, Köln 1965, S. 337

Feuer, Lewis S.: Causality in the Social Sciences, in: The Journal of Philosophy, Vol. LI (1954), S. 681

Feyerabend, Paul K.: Artikel „Wissenschaftstheorie", in: Handwörterbuch der Sozialwissenschaften, Bd. 12, Stuttgart 1965, S. 331

Francis, E. K.: Wissenschaftliche Grundlagen soziologischen Denkens, 2. Aufl., Bern 1965

Frank, Philipp: Das Kausalgesetz und seine Grenzen, Wien 1932

— Wahrheit — relativ oder absolut? Zürich 1952

Frey, Gerhard: Gesetz und Entwicklung in der Natur, Hamburg 1958

Gass, Ernst: Ursache, Grund und Bedingung im Rechtsgeschehen, Graz 1960

Geiger, Theodor: Vorstudien zu einer Soziologie des Rechts, Neuwied am Rhein 1964

Greenwood, Ernest: Das Experiment in der Soziologie, in: Beobachtung und Experiment in der Sozialforschung, Praktische Sozialforschung, Bd. 2, herausgegeben von René König, Köln 1956, S. 171

Gruner, Rolf: Zur Problematik geschichtswissenschaftlicher Gesetze und Voraussagen, in: Methodos Bd. 8 (1956), S. 201

Gurvitch, Georges: Déterminismes sociaux et liberté humaine, 2. Aufl., Paris 1963

Habermas, Jürgen: Analytische Wissenschaftstheorie und Dialektik, in: Logik der Sozialwissenschaften, herausgegeben von Ernst Topitsch, Köln 1965, S. 291

Haller, Heinz: Typus und Gesetz in der Nationalökonomie, Stuttgart 1950

Hartmann, Max: Die Kausalität in der Biologie, in: Studium generale Bd. 1 (1947/48), S. 350

Hartmann, Nicolai: Philosophie der Natur, Berlin 1950

— Teleologisches Denken, Berlin 1951

Heinitz, Ernst: Strafzumessung und Persönlichkeit, in: Zeitschrift für die gesamte Strafrechtswissenschaft, Bd. 63, S. 57

Heisenberg, Werner: Über den anschaulichen Inhalt der quantentheoretischen Kinematik und Mechanik, in: Zeitschrift für Physik Bd. 43 (1927), S. 172

Hennemann, Gerhard: Die philosophische Problematik der physikalischen Wirklichkeit, in: Studium generale 1965, 18. Jg., S. 601

Henry-Hermann, Grete: Die Kausalität in der Physik, in: Studium generale Bd. 1 (1947/48), S. 375

Herschsohn, H.: Anwendung von Methoden der exakten Wissenschaft auf juristische Probleme, in: Schweizerische Juristenzeitung 1968, S. 177

Heyde, Johannes Erich: Entwertung der Kausalität? Für und wider den Positivismus, 2. Aufl., Stuttgart 1962

Hippel, Robert von: Deutsches Strafrecht, 2. Bd., Berlin 1930

Hirsch, Ernst E.: Aufgaben und Grenzen der Rechtssoziologie, in: Das Recht im sozialen Ordnungsgefüge, Berlin 1966, S. 11

— Das Recht im sozialen Ordnungsgefüge, in: Das Recht im sozialen Ordnungsgefüge, Berlin 1966, S. 25

— Was kümmert uns die Rechtssoziologie? in: Das Recht im sozialen Ordnungsgefüge, Berlin 1966, S. 38

— Die Rechtswissenschaft und das neue Weltbild, in: Das Recht im sozialen Ordnungsgefüge, Berlin 1966, S. 65

— Die Einflüsse und Wirkungen ausländischen Rechts auf das heutige türkische Recht, in: Das Recht im sozialen Ordnungsgefüge, Berlin 1966, S. 106

— Was bedeutet „sozialistische Gesetzlichkeit"? in: Das Recht im sozialen Ordnungsgefüge, Berlin 1966, S. 275 = Juristenzeitung 1962, S. 149

Holzkamp, Klaus: Theorie und Experiment in der Psychologie, Berlin 1964

Hörz, Herbert: Werner Heisenberg und die Philosophie, Berlin 1966

Horváth, Barna: Rechtssoziologie, Probleme der Gesellschaftslehre und der Geschichtslehre des Rechts, Berlin 1934

Jhering, Rudolph von: Der Zweck im Recht, 4. Aufl., Leipzig 1904

Jordan, Pascual: Die Physik des 20. Jahrhunderts, Braunschweig 1936

— Die Physik und das Geheimnis des organischen Lebens, 6. Aufl., Braunschweig 1948

Juhos, Béla: Das Wertgeschehen und seine Erfassung, Meisenheim am Glan 1956

— Welche begrifflichen Formen stehen der empirischen Beschreibung zur Verfügung? in: Probleme der Wissenschaftstheorie, Festschrift für Viktor Kraft, herausgegeben von Ernst Topitsch, Wien 1960, S. 101

— Die zwei logischen Ordnungsformen der naturwissenschaftlichen Beschreibung, in: Studium generale, 1965, 18. Jg., S. 581

Kant, Immanuel: Kritik der reinen Vernunft, in: Kants gesammelte Schriften, herausgegeben von der Königlich Preußischen Akademie der Wissenschaften, Bd. 3, Berlin 1904

— Prolegomena zu einer jeden künftigen Metaphysik, die als Wissenschaft wird auftreten können, in: Kants gesammelte Schriften, herausgegeben von der Königlich Preußischen Akademie der Wissenschaften, Bd. 4, Berlin 1903

— Kritik der praktischen Vernunft, in: Kants gesammelte Schriften, herausgegeben von der Königlich Preußischen Akademie der Wissenschaften, Bd. 5, Berlin 1908

Kantorowicz, Hermann: Der Begriff des Rechts, Göttingen o. J.

Kaufmann, Felix: Methodenlehre der Sozialwissenschaften, Wien 1936

Kelsen, Hans: Hauptprobleme der Staatsrechtslehre, Tübingen 1911

— Eine Grundlegung der Rechtssoziologie, in: Archiv für Sozialwissenschaft und Sozialpolitik, Bd. 39 (1915), S. 839

— Vergeltung und Kausalität, Eine soziologische Untersuchung, The Hague 1941

Kloten, Norbert: Der Methodenpluralismus und das Verstehen, in: Systeme und Methoden in den Wirtschafts- und Sozialwissenschaften, Erwin von Beckerath zum 75. Geburtstag, herausgegeben von Norbert Kloten, Wilhelm Krelle, Heinz Müller, Fritz Neumark, Tübingen 1964, S. 207

König, René: Beobachtung und Experiment in der Sozialforschung, Köln 1956

Kraft, Julius: Vorfragen der Rechtssoziologie, in: Zeitschrift für vergleichende Rechtswissenschaft, Bd. 45 (1930), S. 1

— Reine und angewandte Soziologie, in: Gesellschaft, Staat und Recht, Festschrift Hans Kelsen zum 50. Geburtstag gewidmet, Wien 1931, S. 42

— Das Rätsel der Geisteswissenschaft und seine Lösung, in: Studium generale, 11. Jg. (1958), S. 131

Krawietz, Werner: Das positive Recht und seine Funktion, Berlin 1967

Lamprecht, Arno: Das Prinzip der Kausalität des seelischen und sozialen Geschehens insbesondere des Wirtschaftens, Halberstadt 1925

Lange, Richard: Konstanz und die Rechtswissenschaft, in: Juristenzeitung 1965, S. 737

— Noch einmal: Konstanz und die Rechtswissenschaft, in: Juristenzeitung 1966, S. 344

Lasson, Adolf: Über den Zufall, Berlin 1918

Lasson, Georg: Hegel als Geschichtsphilosoph, Leipzig 1920

Lévy-Bruhl, Henri: Sociologie du droit, Paris 1964

Lewada, J. A.: Exakte Methoden in den Gesellschaftswissenschaften, in: Sowjetwissenschaft, Gesellschaftswissenschaftliche Beiträge 1965, S. 15

Lewin, Kurt: Gesetz und Experiment in der Psychologie, Berlin 1927

Liszt, Franz von: Strafrechtliche Aufsätze und Vorträge, 2. Band, Berlin 1905

Lorenzen, Paul: Die Entstehung der exakten Wissenschaften, Berlin 1960

Luhmann, Niklas: Funktion und Kausalität, in: Kölner Zeitschrift für Soziologie und Sozialpsychologie, 14. Jg. (1962), S. 617

Marchal, André: Artikel „Gesetze, soziale und ökonomische", in: Handwörterbuch der Sozialwissenschaften, Bd. 4, Stuttgart 1965, S. 448

May, Eduard: Die Bedeutung der modernen Physik für die Theorie der Erkenntnis, Leipzig 1937

Mayer, Hellmuth: Strafrecht, Allgemeiner Teil, Stuttgart 1953

Mayer, Max Ernst: Der allgemeine Teil des deutschen Strafrechts, 2. Aufl., Heidelberg 1923

Merton, Robert King: Social Theory and Social Structure, second printing, Glencoe 1957

Metzger, Wolfgang: Psychologie, 2. Aufl., Darmstadt 1954

— Schöpferische Freiheit, 2. Aufl., Frankfurt a. M. 1962

Mezger, Edmund: Über Willensfreiheit, München 1947

Moór, Julius: Reine Rechtslehre, Naturrecht und Rechtspositivismus, in: Gesellschaft, Staat und Recht, Festschrift Hans Kelsen zum 50. Geburtstag gewidmet, Wien 1931, S. 58

Morgenstern, Oskar: Logistik und Sozialwissenschaften, in: Logik der Sozialwissenschaften, herausgegeben von Ernst Topitsch, Köln 1965, S. 315

Natorp, Paul: Die logischen Grundlagen der exakten Wissenschaften, Leipzig 1910

Neumann, Fr. J.: Naturgesetz und Wirtschaftsgesetz, in: Zeitschrift für die gesamte Staatswissenschaft, Jg. 48 (1892), S. 405

Neurath, Otto: Foundations of the Social Sciences, Sixth Impression, Chicago 1962

Pagès, Robert: Das Experiment in der Soziologie, in: Handbuch der empirischen Sozialforschung, herausgegeben von René König, Bd. 1, Stuttgart 1962, S. 415

Peter, Hans: Weltanschauung und Einheit der Wissenschaft, in: Die Einheit der Sozialwissenschaften, Franz Eulenburg zum Gedächtnis, herausgegeben von Wilhelm Bernsdorf und Gottfried Eisermann, Stuttgart 1955, S. 4

Planck, Max: Religion und Naturwissenschaft, Leipzig 1938
— Kausalgesetz und Willensfreiheit, in: Wege zur physikalischen Erkenntnis, 4. Aufl., Leipzig 1944, S. 112
— Die Kausalität in der Natur, in: Wege zur physikalischen Erkenntnis, 4. Aufl., Leipzig 1944, S. 223
— Determinismus oder Indeterminismus? 2. Aufl., Leipzig 1948

Popper, Karl Raimund: Falsche Propheten; Hegel, Marx und die Folgen. Die offene Gesellschaft und ihre Feinde, Band II, Bern 1958
— Das Elend des Historizismus, Tübingen 1965
— Prognose und Prophetie in den Sozialwissenschaften, in: Logik der Sozialwissenschaften, herausgegeben von Ernst Topitsch, Köln 1965, S. 113
— Logik der Forschung, 2. Aufl., Tübingen 1966

Raiser, Ludwig: Die Rechtswissenschaft im Gründungsplan für Konstanz, in: Juristenzeitung 1966, S. 86

Rehbinder, Manfred: Karl N. Llewellyn als Rechtssoziologe, in: Kölner Zeitschrift für Soziologie und Sozialpsychologie, 18. Jg. (1966), S. 532
— Die Begründung der Rechtssoziologie durch Eugen Ehrlich, Berlin 1907

Reigrotzki, Erich: Exakte Wirtschaftstheorie und Wirklichkeit, Göttingen 1948

Renoirte, Fernand u. *Mercier,* André: Philosophie der exakten Wissenschaften, Einsiedeln 1955

Rickert, Heinrich: Kulturwissenschaft und Naturwissenschaft, 2. Aufl., Tübingen 1910

Rohracher, Hubert: Einführung in die Psychologie, 5. Aufl., Wien 1953

Rümelin, Gustav: Über Gesetze der Geschichte, in: Reden und Aufsätze (Neue Folge) 1881, S. 118

Russell, Bertrand: Einführung in die mathematische Philosophie, Darmstadt o. J.

Sauer, Heinrich: Der Begriff des Wahrscheinlichkeitsgesetzes, in: Das Problem der Gesetzlichkeit, Bd. 1, Geisteswissenschaften, herausgegeben von der Joachim Jungius-Gesellschaft der Wissenschaften e. V. Hamburg, Hamburg 1949, S. 173

Scheuch, Erwin K.: Skalierungsverfahren in der Sozialforschung, in: Handbuch der empirischen Sozialforschung, herausgegeben von René König, Bd. 1, Stuttgart 1962, S. 348

Scheuch, Erwin K. und Dietrich *Rüschemeyer,* Soziologie und Statistik, in: Logik der Sozialwissenschaften, herausgegeben von Ernst Topitsch, Köln 1965, S. 345

Schlick, Moritz: Die Kausalität in der gegenwärtigen Physik, in: Die Naturwissenschaften, Jg. 19 (1931), S. 145

Schmid, Carlo: Grenzen rechtlicher Regelung innerhalb der modernen Gesellschaft, in: Universitas 14. Jg. (1959), S. 1233

Schrödinger, Erwin: Was ist ein Naturgesetz? München 1962

Siebel, Wigand: Die Logik des Experiments in den Sozialwissenschaften, Berlin 1965

Simon, Herbert A.: Administrative Behavior, second edition, New York 1965

Spranger, Eduard: Lebensformen, 8. Aufl., Tübingen 1950

Stadler, August: Die Grundbegriffe der Erkenntnis, Leipzig 1913

Stegmüller, Wolfgang: Das Problem der Kausalität, in: Probleme der Wissenschaftstheorie, Festschrift für Viktor Kraft, herausgegeben von Ernst Topitsch, Wien 1960, S. 171

Stern, William: Allgemeine Psychologie auf personalistischer Grundlage, 2. Aufl., Haag 1950

Thienemann, August: Vergleichende Beobachtung und Experiment in der Biologie, in: Studium generale Bd. 1 (1947/48), S. 303

Titze, Hans: Der Kausalbegriff in Philosophie und Physik, Meisenheim am Glan 1964

Viehweg, Theodor: Zur Geisteswissenschaftlichkeit der Rechtsdisziplin, in: Studium generale 11. Jg. (1958), S. 334

Wechsler, David: Die Messung der Intelligenz Erwachsener, Bern 1956

Weippert, Georg: Zur verstehenden Methode, in: Diagnose und Prognose als wirtschaftswissenschaftliche Methodenprobleme, herausgegeben von Herbert Giersch und Knut Borchardt, Berlin 1962

Weizsäcker, Carl Friedrich von: Das Experiment, in: Studium generale, Bd. 1 (1947/48), S. 3

— Die Atomlehre der modernen Physik, in: Zum Weltbild der Physik, 10. Aufl., Stuttgart 1963, S. 33

— Das Verhältnis der Quantenmechanik zur Philosophie Kants, in: Zum Weltbild der Physik, 10. Aufl., Stuttgart 1963, S. 80

— Naturgesetz und Theodizee, in: Zum Weltbild der Physik, 10. Aufl., Stuttgart 1963, S. 158

— Einstein und Bohr, in: Zum Weltbild der Physik, 10. Aufl., Stuttgart 1963, S. 200

— Kontinuität und Möglichkeit, in: Zum Weltbild der Physik, 10. Aufl., Stuttgart 1963, S. 211

— Gestaltkreis und Komplementarität, in: Zum Weltbild der Physik, 10. Aufl., Stuttgart 1963, S. 332

Weizsäcker, Viktor von: Der Gestaltkreis, 3. Aufl., Stuttgart 1947

Wellmer, Albrecht: Methodologie als Erkenntnistheorie, Frankfurt am Main 1967

Wenzl, Aloys: Philosophie der Freiheit, München 1947

Weyl, Hermann: Philosophie der Mathematik und Naturwissenschaft, 2. Aufl., München 1948

Wiese, Leopold von: Der Begriff der Funktion in den Sozialwissenschaften, in: Sozialwissenschaft und Gesellschaftsgestaltung, Festschrift für Gerhard Weisser, herausgegeben von Friedrich Karrenberg und Hans Albert, Berlin 1963

Windelband, Wilhelm: Die Lehren vom Zufall, Berlin 1870

— Über Willensfreiheit, 2. Aufl., Tübingen 1905

— Geschichte und Naturwissenschaft, in: Präludien, 3. Aufl., Tübingen 1907

Winterstein, Hans: Die physiologischen Grundlagen der Willensfreiheit und das Problem des Strafrechts, in: Studium generale, Bd. 1 (1947/48), S. 329

Printed by Libri Plureos GmbH
in Hamburg, Germany